AF305942

Docteur Jean-Luc DELATTRE

Ancien Externe des Hôpitaux de Paris

Médecin Sanitaire Maritime

Le Déséquilibre mental
d'Arthur Rimbaud
(1854-1891)

PARIS

LIBRAIRIE LE FRANÇOIS

91, BOULEVARD SAINT-GERMAIN, 91

1928

A MON PERE

A MA MERE

A MON FRERE

A TOUS LES MIENS

A MES AMIS

A MES MAITRES DE LA FACULTE DE MEDECINE
DE PARIS

A MES CHEFS DE SERVICE DANS LES HOPITAUX

A Monsieur le Docteur ŒTTINGER (*in memoriam*),
Médecin de l'Hôpital Cochin;

A Monsieur le Docteur LAUBRY,
Médecin de l'Hôpital Broussais;

A Monsieur le Docteur LAUNAY,
Chirurgien de l'Hôpital Cochin;

A Monsieur le Professeur ROGER,
Professeur de Physiologie;
Médecin de l'Hôtel-Dieu;

A Monsieur le Docteur ROBINEAU,
Chirurgien de l'Hôpital Necker;

A Monsieur le Docteur LEVANT,
Accoucheur de l'Hôpital de la Charité;

A Monsieur le Professeur LÉRI,
Médecin de l'Hôpital Saint-Louis;

A Monsieur le Docteur ROCHON-DUVIGNEAU,
Ophtalmologiste de l'Hôpital Laënnec;

A Monsieur le Docteur MONTHUS,
Ophtalmologiste de l'Hôpital Laënnec;

A Monsieur le Professeur TERRIEN,
Professeur de Clinique ophtalmologique.

A MON PRESIDENT DE THESE

Monsieur le Professeur Ménétrier,

Membre de l'Académie de Médecine;

Médecin de l'Hôtel-Dieu;

Chevalier de la Légion d'Honneur,

> Qui a bien voulu me faire l'honneur d'accepter la présidence de ma thèse. Hommage de ma très respectueuse reconnaissance.

A Monsieur Georges Izambard;

A Monsieur Ernest Delahaye,

Qui m'ont si généreusement muni
de leurs précieux témoignages.
En hommage de ma déférente
gratitude.

INTRODUCTION

Le problème du génie de Rimbaud n'est pas seulement un problème littéraire. C'est aussi, pour ne pas dire surtout, un problème psychiàtrique.

L'étrange précocité de ce génie (telle qu'à seize ans Rimbaud a écrit des vers qui comptent parmi les plus beaux de l'Anthologie ; sa non moins étrange rapidité à se tarir (telle qu'à dix-neuf ans, Rimbaud, quoique pleinement conscient de sa valeur, renonce formellement à la littérature), déjà ne sont pas pour l'observateur de minimes sujets d'étonnement. Mais ce par quoi surtout Rimbaud nous intéresse, c'est l'esprit de sa Poétique, dont on ne saurait dire en vérité si son analyse ressortit plutôt à la critique de l'esthéticien qu'à la science du psychiàtre.

C'est que cette Esthétique fut celle du subjectivisme INTÉGRAL, et donna une œuvre que les auteurs les plus « égotistes » n'avaient jamais encore osé concevoir. Œuvre qui à force de se vouloir personnelle (par le fond, par la forme), devint inaccessible bientôt excepté à son seul auteur, et dont la transcendance finit par dégénérer en une incohérence caractérisée.

Qu'une intelligence supérieure comme fut celle de Rimbaud, par l'exercice de ses facultés créatrices, ait abouti à l'incohérence que nous disons, il est évident qu'une telle mésaventure n'a pu se produire qu'à la faveur d'une déviation psychique. Et comme c'est essentiellement son subjectivisme, qui conduisit l'œuvre de Rimbaud à un échec, on est en droit de se demander dans quelle mesure l'Individualisme en art peut être influencé par cette déviation.

Rimbaud est le prototype des poètes « ipséistes ». L'étudier du point de vue médical, c'est étudier les rapports de l'esthétique individualiste et de la psychopathie.

CHAPITRE PREMIER

L'Esthétique et l'Œuvre d'A. Rimbaud; leur genèse, leur développement

Nous n'envisagerons l'art de Rimbaud qu'à dater de l'époque où, prenant le contrepied de la poétique traditionnelle, dont il s'est accommodé jusqu'alors, il entreprend de devenir un visionnaire, un « Voyant » [1].

Il s'agit désormais « d'arriver à l'Inconnu », de « voir » ce que jusqu'à lui nul poète n'a vu, de concevoir ce que nul n'a conçu, d'oser, en poésie, ce que nul n'a osé. Jusqu'alors, la littérature n'a été que « prose rimée, avachissement et gloire d'innombrables générations idiotes »... « Racine, peuh! Victor Hugo, pouah! Homère? Homère! »... « Tout a été français, c'est-à-dire haïssable au suprême degré, le fruit de cet odieux génie qui a inspiré Rabelais, Voltaire, Jean de la Fontaine... » « La Beauté, telle qu'on l'a conçue jusqu'à ce jour, et lui-même, il la trouve « amère » [2], « dérisoire ». Il l'injurie. Il la renie. Il fait table rase de la « vieillerie poétique ». Rimbaud substitue à la norme universellement consentie, la

____

(1) Les chiffres renvoient aux Notes placées à la fin de l'ouvrage.

norme du « Voyant ». « Je dis qu'il faut être voyant,
se faire VOYANT... Il s'agit de faire l'âme monstreuse...
de bondir « par les choses inouïes et innommables » !
« Voir » avec des yeux « neufs », ce que l'homme.
jusqu'alors. « a cru voir » [3]. Revenir à l' « état primitif de fils du soleil », de « la lumière nature » [4].
S'affranchir en somme de toute règle, et entreprendre
le « raisonné dérèglement de tous ses sens ».

Comme l'enfant, le « barbare ». le « nègre », le
poète se place vis-à-vis des choses dans un état de
réceptivité pure [5], de « silence », d' « innocence »,
s' « offre » à la Nature et se laisse par les choses
directement « accrocher ». « tirer ». Il abdique toute
logique normale. Il s'abandonne au caprice de l'imagination la plus désordonnée, aux fantaisies les plus
baroques du rêve. Il ne perçoit plus le monde extérieur en tant que réalité distincte de lui. « Il n'est
plus au monde ». Le Réel n'existe plus pour lui, n'est
plus qu'un assemblage d'apparences vaines. Le
« Voyant » seul persiste, dégagé des « communs suf-
frages, des communs élans ». Il découvre « le lieu et
la formule » de la transmutation universelle. Il est
l'alchimiste qui retrouve « l'Eternité ». Il est le
« Génie », dont « l'immense opulence est inquestion-
nable ».

C'est alors qu'il crée ce Monde nouveau que, seul,
le Voyant peut voir, « toutes les fêtes, tous les
triomphes, tous les drames », qu'il invente « de nouvelles fleurs, de nouveaux astres, de nouvelles chairs,

de nouvelles langues... » [8] « J'inventai la couleur des voyelles... Je réglai la forme et le mouvement de chaque consonne, et avec des rythmes instinctifs... un verbe poétique... accessible à tous les sens. » [9] Au seul hasard l'artiste abandonne tout le soin d'associer sensations et images. Il écrit « des silences, des nuits », il « note l'inexprimable », il « fixe des vertiges » [10]. Bientôt le « désordre sacré » se parachève. C'est la recherche systématique de l'hallucination. « Je m'habituai à l'hallucination simple : je voyais très franchement une mosquée à la place d'une usine, une école de tambours faite par des anges, des calèches sur les routes du ciel, un salon au fond d'un lac... » [11]

Il est évident que dans une telle poétique les formes traditionnelles, l'élaboration grammaticale et la logique explicative n'ont plus que faire, impuissantes qu'elles sont à exprimer le kaléidoscope avec lequel le « Voyant » s'est identifié. Tout comme il a laissé s'opérer le spontané jaillissement des images, Rimbaud laisse s'opérer maintenant, celui, non moins spontané, des vocables, et c'est l'incohérence des associations verbales, le bégaiement voulu, l' « hallucination des mots ».

L'artiste devient un « Opéra fabuleux ». Il atteint à la béatitude animale, il est « le moucheron que dissout un rayon », « l'étincelle d'or de la Lumière Nature » [12]. Il est l'auteur de ces « *Illuminations* » et de cette « *Saison en Enfer* » qui sont un monument unique dans la littérature ; celui de l'Ego tisme poussé jusqu'à ses derniers paroxysmes. Œuvre « monstreuse » d'un adolescent doué de la plus belle intelligence, mais qui, plutôt que de transiger avec une société qu'il méprise, préfère écrire des poèmes délirants qu'il est seul à comprendre.

Mais il est devenu en même temps « le **grand Malade**, le grand Maudit » [13], bientôt amené à reconnaître que le désordre de son esprit, perfectionné avec un tel soin, le déborde maintenant lui-même infiniment, et qu'entre ce désordre et les moyens d'expression qui lui restent, l'incompatibilité ne **peut** plus désormais que s'accroître et que **s'aggraver**. « **Plus de mots.** » « Il ne sait plus parler. » [14] « Penseur, il aboutit à l'absence de pensée. » [15] Il a violenté la littérature et son expérience aboutit à un échec. Epuisé, il sent bien qu'il ne pourrait aller plus loin. « Ma santé fut menacée. La terreur venait. Je tombais dans des sommeils de plusieurs jours, et levé, je continuais les rêves les plus tristes. J'étais mûr pour le trépas... » [16] Acculé dans une impasse au fond de laquelle l'attend « la folie — la folie qu'on enferme », il ne s'offre plus à Rimbaud qu'une ressource, un pisaller : le renoncement à l'Art.

CHAPITRE II

Biographie succincte de Rimbaud

Comme V. Hugo, Verlaine, Gérard de Nerval, Arthur Rimbaud est fils de militaire. Il naît à Charleville (Ardennes), le 20 octobre 1854. Son père, « un Bourguignon de descendance provençale » [1], est officier. Aimant les aventures, il a fait la campagne d'Algérie, et aurait mené, avant son mariage, « la vie libre et intempérante des bureaux coloniaux ». Il ne s'accommodera pas longtemps de la vie de famille. Exubérant, fantasque, son caractère s'oppose en effet radicalement à celui de sa femme, paysanne ardennaise rigide et sévère, n'admettant pas la discussion. La vie conjugale devient bientôt impossible. Après six années de mésentente, entrecoupées de ruptures et réconciliations provisoires, les deux époux prennent la résolution définitive de vivre séparés. Le capitaine Rimbaud laisse à sa femme la charge de quatre enfants.

La tutelle paternelle déficiente, la mère y supplée avec d'autant plus de rigueur qu'elle nourrit à l'endroit de ses fils des projets ambitieux.

« Aucune fantaisie... Aucun abandon. Rien de sentimental en elle. » [2] Autoritaire jusqu'à l'absurde, elle exerce sur ses enfants une contrainte excessive et maladroite. L'enfance d'Arthur Rimbaud est une enfance sans joie. Chez lui. l'âge ordinaire de la toute spontanéité est celui de tous les refoulements, et ceux-ci éveillent une tendance à l'introspection dont nul ne soupçonne la précocité [3].

Il entre au collège à onze ans et dès les petites classes. s'affirment ses qualités brillantes. Tandis que son frère aîné redouble la sixième, il saute la cinquième, et « se classe d'un bond, parmi les meilleurs élèves de la quatrième » [4]. Dans tous les domaines, il réussit avec éclat, et témoigne d'une « netteté » et « d'une maturité d'esprit surprenantes » [5]. Mais c'est surtout en Lettres que dès la troisième, il atteste de ses dons prodigieux. En seconde, en rhétorique, il remporte presque tous les premiers prix. En 1869, accessit de version grecque et 1er prix de vers latins au Concours Académique; en 1870, 1er prix de vers latins [6]. C'est l'orgueil de sa mère et la fierté de ses professeurs. Mais c'est aussi l'inquiétude de certains plus clairvoyants [7]. Car ses succès ne sont pas le fruit de l'application, mais celui d'une précocité, d'une facilité déconcertantes. Car, sous les apparences de l'élève « aux cahiers sans tache, aux devoirs étonnamment corrects ». le type de la « bête à concours » [8], il y a en réalité un enfant avide d'une émancipation que les refoulements de toute une enfance n'ont que trop

préparée; qui considère l'étude comme le commence-
ment de cette émancipation [9]; qui, surtout, conscient
de ses possibilités, oppose désormais en soi-même au
principe de l'autoritarisme maternel l'argument de la
valeur exceptionnelle de son intelligence : dès 1869,
Rimbaud — il n'a pas quinze ans — est en possession
de tous ses dons poétiques [10].

Cette révolte qui couve, c'est la puberté qui lui
fournit l'occasion de se déclancher, puberté qui chez
Rimbaud se manifeste avec une particulière brutalité,
par une croissance corporelle anormalement rapide
et dans des proportions excessives [11]; qui par ailleurs survient à une époque troublée de l'histoire
sociale (1870-1871). L'enfant devient nerveux, iras-
cible. Il néglige sa tenue, ses manières. Dans la conversation, il se montre sarcastique et complaisamment obscène. Il couvre de blasphèmes orduriers les
bancs des promenades publiques. C'est l'époque où il
commence à délaisser certains cours, pour se livrer à
ces écoles buissonnières, à ces étranges ambulations
sans but par la campagne environnante, qui bientôt
vont devenir chez lui une morbide obsession, une
véritable manie.

Le poète de cette période devient amer, brutal,
scatologique. Il écrit « *Le Forgeron* », apologie de
fièvre, repoussant tout ce qui ne ressort pas aux théories apologétiques de l'Individu, Rimbaud, dans tous
les domaines (littéraire, philosophique, moral, politique), prend le contrepied des notions établies

l'émeute, « Soleil et Chair », profession de foi panthéiste, « Sensation », « Vénus Anadyomène »... Avec
« J'irai, dit-il, loin, bien loin, comme un bohémien,
par la Nature... »[12].

Que la guerre survienne et son désarroi moral, le
déséquilibre du pubère ne fait que s'accentuer. Sou-
dainement, un soir (29 août 1870), il déserte la maison
familiale. Il a vendu ses prix, il prend un billet pour
la station prochaine et continue en fraude sur Paris.
Arrêté dès son arrivée, ramené de force, un mois plus
tard (7 octobre 1870), il s'échappe de nouveau, et, à
pied, par la vallée de la Meuse, gagne la Belgique,
Charleroi, Bruxelles. Après un mois de vagabondage,
il regagne la France, et de Douai, est reconduit admi-
nistrativement à Charleville, ayant, lors de cette
seconde équipée, composé entre autres, *Au cabaret
vert, la Maline, Ma Bohême*, et le sonnet pessimiste
Le Mal.

Il parvient à passer l'hiver à Charleville. Comme
le collège n'a pas rouvert, il erre par la campagne
dévastée, tous les jours, par tous les temps, en proie
à l'étrange besoin de marcher. Il fait aussi de longues
stations à la bibliothèque municipale où il se plonge
« avec ostentation, au grand scandale des habitués,
dans les œuvres d'Helvétius et de Jean-Jacques, dans
des traités de sorcellerie, de cabale et d'alchimie »[13].
La guerre, le bombardement, l'invasion surexcitent
son sarcasme et son nihilisme. « Qu'importe la
défaite! Epurement! Vie nouvelle! Il est des destruc-

tions nécessaires. Il ne doit plus rester que la Nature. » [14] Ses poèmes ne sont qu'une suite d'ironies
cruelles, haineuses (*Les Assis, Accroupissements, les
Pauvres à l'Eglise*). La nouvelle de la capitulation de
Paris le jette dans la joie. Il s'y rend de nouveau
(février 1871). Quinze jours il y séjourne, sans gîte ni
ressources, sans but surtout, « errant par les rues au
hasard, grelottant aux vitrines des libraires. couchant
sous les ponts ou dans les bateaux à charbon » [15],
jusqu'à ce que mourant de froid et de faim, il
reprenne à pied, et à travers la campagne sillonnée
d'Allemands, le chemin des Ardennes. Cependant ce
n'est là qu'une trève. Jamais il n'a tant éprouvé de
rancune à l'endroit de la société. Catégoriquement il
refuse de rentrer au collège. et « pour bien montrer
que les corrections maternelles ne le feront pas
plier » [16], il se promène par la ville, narquois et pro-
vocant, débraillé, la pipe à la bouche. les cheveux
en désordre et démesurément longs. Après avoir
rédigé un projet de « Constitution communiste » [17].
pour la troisième fois depuis huit mois, il repart. à
pied, pour Paris, avec l'intention de s'enrôler dans
les troupes de la Commune [18]. Mais ayant appris en
route la nouvelle de la répression versaillaise, il
rebrousse chemin et regagne Charleville.

C'est alors qu'il entre en relations avec le poète
Verlaine auquel il envoie des vers. entre autres le
célèbre *Bateau ivre*. On sait l'enthousiasme avec
lequel Verlaine accueille cet envoi. Il fait venir Rim-

baud à Paris (fin septembre 1871), le produit dans les cénacles et lui voue d'autre part une amitié violente au point de ne pouvoir bientôt plus se passer de sa compagnie. Pendant six mois Rimbaud mène une vie anormale et de désordre, s'adonnant à tous les excès (alcoolisme, noctambulisme, etc...) et met en œuvre l'esthétique du Voyant que nous avons exposée plus haut. C'est l'époque du fameux sonnet des *Voyelles*, et surtout des premières *Illuminations*. Mais s'étant, par son attitude outrancièrement cynique [19], aliéné tout le monde littéraire aussi vite que son génie lui en avait acquis les sympathies, en avril 1872, il retourne à Charleville [20]. Nouveau séjour à Paris en mai-juin 1872 [21], puis, soudain repris par son besoin morbide de vagabondage, il quitte la France (juillet 1872), en compagnie de Verlaine, qui abandonne sa famille, pour cette bohême à deux, lamentable et louche qui durera jusqu'en décembre 1872. On les voit en Belgique (juillet-août 1872), en Angleterre (septembre-décembre 1872), traînant de « public house » en « public-house » leur double désœuvrement, fréquentant d'anciens « communards », et surtout épuisant systématiquement leur santé par des excès de toutes sortes. Rassasié jusqu'à l'écœurement, Rimbaud quitte Verlaine et rentre à Charleville, malade [22]. A cette époque la littérature ne l'intéresse déjà plus autant. Il n'écrit plus de vers, et commence *Une Saison en Enfer* qui est, comme on sait, son adieu à la Poésie [23].

Quelques mois plus tard, après avoir vainement tenté de renouer la vie commune (deuxième séjour à Londres mai-juin 1873), Verlaine, à qui Rimbaud a signifié sa résolution inébranlable de reprendre son entière liberté, et désespéré à l'idée de perdre son compagnon, tire sur celui-ci deux coups de revolver (Bruxelles, juillet 1873). C'est la fin de l'aventure, laquelle se solde pour Verlaine par deux ans de prison [24].

Cependant l'instabilité capricieuse de Rimbaud persiste des années. Sous le prétexte d'apprendre les langues, les voyages les plus incohérents se succèdent, au cours desquels Rimbaud essaie des métiers les plus hétéroclites. On le voit successivement à Londres (1873-1874) [25], à Stuttgard (1875) [26], à Milan, à Turin, à Sienne, rêvant d'embarquer pour les Cyclades. Frappé d'insolation à Livourne, il se fait rapatrier. De Marseille il pousse une pointe sur la frontière espagnole, et regagne Charleville où il passe l'hiver [27]. En 1876, il est à Rotterdam, s'engage pour six ans dans les troupes néerlandaises qui s'embarquent pour l'Archipel. A peine débarqué à Batavia, il déserte, erre à travers Java un mois environ, finalement parvient à s'embarquer comme manœuvre à bord d'un voilier anglais à destination de Liverpool; il longe en bateau les côtes d'Angleterre, de Norwège, revient par les ports de Hollande, redescend jusqu'à Bordeaux, d'où, à pied, une fois de plus, il regagne les Ardennes.

Au printemps de 1877 il est à Vienne [28]. Expulsé comme indésirable à la suite de démêlés avec la police, par la Bavière il regagne Charleville. Il repart aussitôt, à pied. Par la Hollande, il gagne Hambourg, s'engage comme interprète et faiseur de boniments dans la troupe du cirque Loisset, parcourt avec lui le Danemark, la Suède. Revient à Charleville en septembre. Repart pour Marseille, où, après avoir gagné quelque argent comme débardeur, il s'embarque pour Alexandrie. Malade dès les premiers jours de mer, il est débarqué à Civita-Vecchia, va visiter Rome, et rentre à Charleville pour y passer l'hiver. Au printemps 1878, il est de nouveau à Hambourg, puis toujours à pied, gagne la Suisse, passe le Saint-Gothard, arrive à Gênes, s'embarque pour Alexandrie. En 1879-1880 il est à Chypre [30], comme chef de carrière, puis comme surveillant de travaux dans une entreprise de constructions. Après des démêlés avec ses employeurs, il passe en Egypte, et après avoir vainement cherché du travail dans tous les ports de la Mer Rouge, est enfin engagé par une maison franaise qui fait le trafic des cafés dans le golge d'Aden. Celle-ci le détache à Harrar, où elle vient de fonder un comptoir [31]. En 1883, il entreprend une série d'expéditions dans le Somal, le pays Galla, et premier Européen, pénètre dans l'Ogaden, « pays complètement inconnu jusqu'alors », jusqu'au fleuve Wabi. Son nom figure dans les comptes rendus adressés à la Société de Géographie, à laquelle lui-même adresse un rap-

port sur l'exploration de l'Ogaden, en décembre 1883.
En 1884, la suppression de l'agence de Harrar, causée
par la guerre d'Ethiopie, le ramène à Aden. En 1885,
il quitte l'agence et forme une caravane pour le Choa,
en vue d'aller vendre des armes à Ménélick (décembre
1885). Après mille difficultés, il parvient à Antotto
(Choa), d'où il écrit le 7 avril 1887. L'itinéraire du
retour de Antotto à Harrar, relevé par lui pour la
première fois, sera celui que plus tard suivra le premier chemin de fer éthiopien. En 1888, il fonde à
Harrar une factorerie pour son compte personnel,
devient le fournisseur attitré du Négus, réalise une
petite fortune.

C'est alors qu'en pleine prospérité matérielle, au
moment où il songe à revenir en France pour s'y
marier [32], un sarcome du fémur se déclare, qui
l'oblige à quitter Harrar et à se faire rapatrier
(mars 1891). A Marseille, le 22 mai, il subit l'amputa-
tion de la jambe. Il devait mourir le 10 novembre de
la même année, de carcinose généralisée, à l'âge de
37 ans.

CHAPITRE III

DIAGNOSTIC

Que si maintenant nous considérons dans son ensemble l'histoire de Rimbaud, nous sommes frappés dès l'abord par ce fait, qu'elle est toute dominée par une instabilité psycho-motrice manifeste.

Cette instabilité se révèle dès l'enfance. Ce sont d'abord des écoles buissonnières, d'autant plus étranges de la part d'un collégien si remarquablement intelligent et travailleur; puis ces ambulations irrésistibles et sans but. par tous les temps, à travers la campagne, — et qui vont bientôt dégénérer en fugues et vagabondage véritables (fugue à Paris 29 août 1870; vagabondage en Belgique octobre 1870; nouvelle fugue à Paris février 1871, etc.), fugues et vagabondage que ne rebute aucune difficulté (guerre, invasion. manque de ressources), et qui sont accomplis le plus souvent à pied. Puis c'est la bohême en compagnie de Verlaine (Belgique-Angleterre 1872-1873), et les voyages incohérents [1] à travers le monde qui se succèdent de 1873 à 1880, date à laquelle Rimbaud se fixe en Ethiopie [2]. Cependant, même de 1880 à 1891, le besoin de déplacement et d'aventure se manifeste encore quoiqu'à un moindre degré, et coordonné, cette fois, à des fins positives (caravanes, explorations à travers l'Ogaden, le Choa, etc...).

Rimbaud « ne tient pas en place ». Le déplacement est chez lui un besoin, une nécessité. C'est une idée fixe, incoercible, une obsession.

Ses fugues « sont motivées beaucoup moins par la curiosité que par la soif de liberté » [3]. Rimbaud est un paranoiaque ambulatoire. La plupart du temps, c'est sans motif plausible, sans but précis [4] qu'il s'en va. Sa première fugue à Paris (août 1870) présente un caractère particulièrement absurde. « Où va-t-il ? Chez qui descendra-t-il? Avec quel argent pourvoiera-t-il à ses besoins? Il n'en sait rien. » [5] Homme, il ne réfléchit pas davantage. C'est ainsi par exemple qu'il s'engage pour six années dans l'armée hollandaise qui embarque pour Java; mais à peine arrivé à Batavia, il déserte. « Vivre toujours au même lieu, écrit-il encore à 30 ans (janvier 1885), je trouverai toujours cela très malheureux. » Même amputé, il rêve encore de repartir.

Brusquement le désir, violent, impératif, s'empare de lui, et comme les enfants, il n'a de cesse que ce désir ne soit satisfait. C'est une perpétuelle fantaisie, à laquelle jamais il ne sait résister. Point de calcul. Point de délibération. Il ne prend pas le temps de peser les motifs, de les classer, de choisir parmi eux.

Insoucieux des conséquences il passe à l'acte aussitôt que conçu. En un mot, c'est un impulsif, un déréglé de la volonté.

Mais cet impulsif est un révolté. Et Rimbaud n'est instable que parce qu'il est inadaptable. Il ne suit que son seul caprice, car il ne sait se plier à aucune contrainte. Il ne s'en remet qu'à son arbitraire parce que l'idée de la moindre discipline lui est insupportable. Pas un acte, pas une pensée de Rimbaud, enfant ou homme, poète ou non, qui ne soit un refus de se soumettre, de s' « adapter ». Et qu'on ne s'y trompe pas : il ne s'agit là d'aucune timidité [6]. Rimbaud est trop conscient de sa valeur pour craindre jamais d'affronter le jugement des hommes. Non, cette insociabilité est voulue, cherchée, systématique. Dès l'enfance même, il est un misanthrope : « A un moment de l'existence où d'ordinaire, même pour ceux qui sont voués à la psychasthénie, tout paraît riant et gai » [7]. Rimbaud haineux déjà et dégoûté, ne voit les choses que « par leur côté le plus mauvais » [7], la vie, que « sous sa coloration la plus fâcheuse » [7]. Collégien, il dédaigne de se mêler aux jeux de ceux de son âge; adolescent, de se présenter, comme ses camarades, au baccalauréat; homme, d'exercer une profession bien définie. C'est par système qu'il scandalise, mystifie, décourage les meilleures volontés; que son œuvre, d'une cynique sincérité, n'est qu'une suite d'invectives, de sarcasmes, de blasphèmes, ridiculisant et salissant religion, gouvernement, société, famille ;

insultant à l'Amour; « injuriant » la Beauté; défiant
toute autorité — et dont l'hermétisme final n'est que
la forme suprême du mépris de son auteur.

C'est qu'en réalité, cet enfant est un égoïste et un
orgueilleux. L'orgueil, qui se développe chez Rimbaud à mesure qu'il prend conscience de sa supériorité intellectuelle, et s'hypertrophie quand il considère par ailleurs la médiocrité de son entourage,
« voilà la source du mépris qu'il portera à tout et à
tous le long de son existence » [8]. Voilà, en ce qui
nous concerne, l'origine et de l'instabilité et de l'inadaptabilité que nous venons de dire.

Orgueil tel que l'altruisme de Rimbaud n'est lui-
même qu'une forme de son mépris universel, et par
sa nature, n'atteste que davantage cet orgueil. Sans
doute sa pitié n'est pas feinte envers les réprouvés de
l'existence, les victimes de l'inégalité sociale. (« *Les
Effarés* », « *Les Pauvres à l'Eglise* ». « *Les Poètes de
sept ans* », « *Le Forgeron* »). Mais en réalité il ne leur
porte de l'intérêt que dans la mesure où ces réprouvés, ces « effarés », ces « pauvres » peuvent devenir
ou sont déjà des révoltés, comme lui, Arthur Rimbaud. Il les identifie à soi plutôt qu'il ne s'identifie à
eux, et c'est en songeant moins à eux qu'à soi qu'il
revendique le nivellement des valeurs et le retour à
la Nature (*Soleil et Chair*) ; que plus tard, il rédige
son projet de constitution communiste ; qu'au nom
de « l'Amour » enfin le poète « Voyant » se dit
« chargé de l'humanité, des animaux mêmes » en

faveur desquels, « Génie », il réinvente « l'Eternité ». Il entreprend, dit-il, de rendre Verlaine « à son état primitif de fils du soleil ». Mais c'est lui surtout, à l'image duquel il tente de recréer son compagnon. C'est lui, avant tout, qu'il cherche à justifier Son altruisme, essentiellement malsain et vicié dès le principe, n'est que le témoin de sa révolte systématique, et « jaillit d'une source libertaire. C'est parce qu'il déteste violemment, que cet orgueilleux fait preuve de tant d'amour » [9]. D'ailleurs, pour se convaincre de cet égoïsme, il suffit de considérer avec quelle indifférence — quel dégoût — il se désintéresse successivement de toute politique, de toute sociologie, de Verlaine, et de toute Poésie [10], pour se livrer, et seul, à ce vagabondage « par la Nature », dans la « liberté libre » que fut toute sa vie.

Au fond Rimbaud est un Négateur, convaincu de la nécessité de l'Idée de changement, de destruction. « Industriels, princes, Sénats, périssez!... Puissance, justice, histoire, à bas ! ...Tout à la guerre, à la vengeance, à la terreur, mon esprit ! — Europe, Asie, Amérique, disparaissez!... » [11], etc... C'est un nihiliste, devant lequel aucune Valeur ne trouve grâce, — pas même la sienne, pourrait-on dire, quand on réfléchit aux bégaiements informes auxquels le prodigieux poète a volontairement abouti, et, dans un autre ordre d'idées, aux besognes inférieures (débardeur, camelot, employé de cirque) auxquelles cet homme a consenti.

« Ce qui fait ma supériorité, c'est que je n'ai pas
de cœur », déclare-t-il enfant. On se demande si vrai-
ment il ne faut voir là qu'une boutade, quand on
songe à la haine que cet enfant voua successivement
à sa mère, puis à la Femme en général, puis à la civilisation tout entière [12] ; quand on songe à sa vie de
« bohémien », hors des « ornières » communes, à sa
vie de « crapule » (c'est lui-même qui se qualifiait
ainsi, et avec orgueil), affranchie de toute discipline
individuelle, de tout préjugé social, et qui (tout
« apostolat » mis à part) s'affirma avec la dernière
insolence dans cette amitié scandaleuse qui lia, deux
années durant, Verlaine et Rimbaud.

Cette question mérite qu'on s'y arrête, ne serait-ce
qu'en raison des commentaires contradictoires, dont,
selon les besoins de leur cause, les différents histo-
riens de Rimbaud l'ont entourée. A vrai dire, il
importe peu que Rimbaud ait entretenu avec Verlaine des rapports homosexuels. Ce qui importe, c'est
de savoir dans quelle mesure il était apte à y consentir. C'est ici qu'il nous faut revenir sur ce qu'on a
appelé avec raison la Mysogynie de Rimbaud, en con-
sidérant les bases sur lesquelles elle repose. Si Rimbaud est misogyne, et son œuvre poétique l'atteste
amplement (« *Vénus Anadyomène* », « *Les Sœurs de
Charité* », « *Mes petites Amoureuses* »), ce n'est nullement de par une structure anormale de son instinct
sexuel. Rimbaud autrement dit ne fut jamais un
inverti constitutionnel. Des pièces comme « *Sensa-*

tion », « *Soleil et Chair* », « *Ce qui retient Nina* », « *Roman* », « *Rêvé pour l'hiver* », l'attestent avec non moins de force. L'antiféminisme de Rimbaud est avant tout d'ordre cérébral, et voulu au même titre que son aversion pour tout Idéal normal. Rimbaud est absolument logique avec lui-même quand oppo- sant à celui-ci son Idéal libertaire, il considère la Femme comme l'obstacle à la réalisation de cet Idéal. « Ce qu'il reproche à la Femme, ce n'est pas de faire l'amour. C'est de faire de l'amour une chose triste, laide, rabougrie » [13], limitée en un mot, comme le Christ, selon lui, a voulu que fut limité « Monsieur Prudhomme » qui est né en même temps que lui. » [14] Aussi repousse-t-il avec dégoût tout compromis avec l'amour que lui offre cette Femme, dont « Christ, en souillant ses haleines » a borné l'abandon, et, par la notion de péché qu'il y a intro-- duite, faussé les tendresses les plus sincères. De là a prétendre réinventer l'Amour, il n'y a qu'un pas. Ce pas, Rimbaud l'a-t-il franchi ? Cela au fond nous importe peu [15]. Mais baser la réinvention de l'Amour sur une telle philosophie, c'était l'avoir franchi déjà.

En tous cas si inversion il y a eu, au sens médical du terme, cette inversion ne fut qu' « expérimen- tale » en quelque sorte, et accidentelle. On sait au reste, avec quelle désinvolture Rimbaud, le jour où Verlaine ne l'intéresse plus, rompt avec lui [16].

Rimbaud est un Impulsif, qui, par son parti-pris de ne penser et de n'agir qu'à rebours de toute tendance

naturelle, peut être considéré comme un « déréglé »
de l'affectivité et de la volonté [17]. Son obstination à
n'employer sa « force » qu'à défier la norme, nous ne
pouvons l'interpréter ici que comme une faiblesse. Et
si nous considérons les échecs successifs qu'il essuya
dans ses tentatives insensées, nous pouvons conclure
que l'esprit de contradiction qui faisait son orgueil,
ne fut jamais en réalité que la marque de cette faiblesse.

C'est ici qu'une remarque s'impose, capitale. Tous
ces troubles psychiques : impulsivité, instabilité, ina
daptabilité, inaffectivité, amoralité, — se sont mani-
festés chez un individu doué d'une intelligence prodigieuse.

C'est un cas d'observation certainement peu commune, que celui de cet enfant, au sujet duquel on se
demande si, par rapport à lui, « un Hugo qui passe
pour le type de la vitesse poétique, a marché avec len-
teur » [18]. A quinze ans [19] Rimbaud est en possession
d'une netteté de pensée, d'une sûreté de style, d'une
puissance lyrique telles, que les plus précoces parmi
les grands poètes n'en ont pas encore approché à dix-
neuf. Hugo, Musset donnent leur premier livre à vingt
ans, et l'on ne saurait trop dire si leurs premiers vers
sont des vers de versificateurs ou d'apprentis-poètes.
Au même âge, il y a beau temps que Rimbaud a franchi toutes les étapes, épuisé toutes les audaces, auprès
desquelles celle d'une Préface de Cromwell ne
semblent que jeux puérils.

Il n'y a point en effet dans l'histoire des littératures exemple de précocité comparable, point d'exemple de maturité d'esprit qui se soit si rapidement révélée. Maturité d'esprit qui atteint presque à la monstruosité, si l'on songe qu'à dix-sept ans cet enfant s'est déjà avisé de l'insuffisance des formes traditionnelles, et avec une hardiesse inégalée jusqu'à lui, conçoit cette Esthétique du « Voyant ». qui donnera ces pages uniques dans l'Anthologie : « *Les Illuminations* ».

Que l'expérience littéraire de Rimbaud se soit terminée par un échec, c'est une autre question, et nous verrons tout à l'heure dans quelle mesure cet échec releva des troubles psychiques de l'écrivain. Il n'en reste pas moins que l'Esthétique de Rimbaud, en soi, et même avec les dangers auxquels elle exposait, ne pouvait ressortir d'aucune infirmité de pensée. Au contraire, la gravité de ces dangers eux-mêmes mesurait la singulière puissance de l'esprit qui ne craignit point de s'y exposer.

La qualité exceptionnelle de son intelligence, est-il nécessaire de rappeler ici que le lettré ne devait pas seul en témoigner; mais encore l'homme curieux de toutes sciences positives, apte, lors de sa vie africaine, à « faire une telle consommation de manuels d'arts et métiers que certaines lettres qui réclament des achats de livres aux siens, semblent des pages de catalogues [20]; mais encore le polyglotte qui en deux ans posséda l'anglais « d'une façon si parfaite que les

Anglais les plus instruits en restaient tout surpris » [21] :
en quelques mois l'allemand. en quelques semaines
l'italien. l'espagnol, le russe. le grec moderne, et surtout l'arabe et tant d'autres idiomes orientaux [22], au
point de pouvoir, dans le dernier tiers de sa vie.
mener l'existence du trafiquant et de l'explorateur
que nous avons vu.

Intelligence « prodigieuse », comme on l'a dit ;
universelle ; — mais surtout. quant à nous. déconcer-
tante, si nous réfléchissons à la gravité des troubles
psychiques qui par ailleurs coexistaient avec elle chez
Rimbaud.

Une volonté déréglée : une affectivité pervertie.
pour ne pas dire inexistante ; et d'autre part une
intelligence non seulement normale. mais dans
d'étonnantes proportions supérieure à la normale :
tels sont les éléments du psychisme de Rimbaud.
dont l'assemblage disparate fait d'un problème
esthétique un problème psychiâtrique.

Comment s'est-il pu que le même enfant, dont les
prodiges scolaires permettaient toutes les espérances.
ait été en même temps ce maniaque incoercible de
l'ambulation et de la fugue ? Que le même homme,
qui eût réussi brillamment dans n'importe quelle carrière, ait préféré le vagabondage à tout prix. quitte à
se plier. pour vivre. à des besognes indignes et de son
intelligence et de son rang social ? Comment se fait-il
même que, si intelligent, il ait été aussi l'égoïste et
l'orgueilleux irréductible. n'admettant pas les con-

tradictions mêmes de l'évidence ; l'excentrique cynique qui brave l'opinion à un tel point qu'on a pu
parler d'un « fakirisme » [23], et même d'un « maso--
chisme » [24] de Rimbaud? L'Inadaptable en un mot,
qui non seulement, en dépit de sa supériorité intellectuelle, mais encore au nom même de cette supériorité. refuse de se plier « aux conditions imposées
par les lois naturelles et sociales? » (Rogues de Fursac).

C'est que. à notre sens, Rimbaud se rangeait
parmi ces « êtres complexes. hétérogènes, formés
d'éléments disproportionnés, de qualités et de défauts
contradictoires » que Régis [25] a décrits sous les noms
si suggestifs de « Desharmoniques », de « Déséquilibrés ».

« Dès l'enfance. écrit-il. ils se font remarquer par
*leur précocité, leur aptitude à tout saisir et à tout
comprendre,* en même temps que par *leurs caprices,
leur entêtement,* leurs instincts cruels, leurs accès de
colère violents et convulsifs. Au moment de la
puberté, ils présentent souvent des migraines, des
névralgies [26]. des troubles névropathiques divers [27].
en même temps que des crises passagères d'excitation
ou de dépression avec exagération de certaines tendances psychiques ou passionnelles (*mysticisme* [28],
...aspirations sexuelles vagues, *désirs de voyages,*
recherche d'actions d'éclat, etc...).

Devenus hommes... dans l'ordre intellectuel, ils
possèdent quelquefois *à un très haut degré les facul-*

tés d'imagination d'invention et d'expression, c'est-
à-dire les dons de la parole, des arts, de la poésie.
Ce qui leur manque, d'une façon plus ou moins complète, *c'est le jugement* (aphroniques de Berillon), *la
rectitude d'esprit, et surtout la continuité, la logique,
l'unité de direction dans les productions intellectuelles et les actes de la vie.* Il en résulte qu'en dépit
de leurs qualités souvent supérieures, ces individus
sont *incapables de se conduire d'une façon raisonnable, de poursuivre régulièrement l'exercice d'une
profession* qui semble bien au-dessous de leurs capa-
cités... si bien que *leur existence, sans cesse recom-
mencée,* n'est pour ainsi dire qu'une longue contradiction entre l'apparente richesse des moyens et la
pauvreté des résultats. Ce sont des *utopistes* [29]. des
théoriciens, des rêveurs, qui s'éprennent des plus
belles choses et ne font rien.

« Le public, qui ne voit d'eux que les dehors brillants, les apprécie et les admire souvent comme des
artistes, comme des hommes supérieurs. Mais la
médaille change de face pour ceux qui les suivent de
près et qui partagent leur existence. Ceux-là voient
les défectuosités, les incapacités, les mauvais penchants : ils en sont non seulement les témoins mais
aussi les victimes.

« Car. en dehors de leur impondération mentale,
les déséquilibrés offrent encore soit un excès de sensibilité émotive, soit au contraire un manque absolu
de sensibilité; de la diminution ou de *l'absence de*

sentiments affectifs; de la perversion ou du défaut de sens moral; de l'aboulie avec prédominance visible de la spontanéité sur la réflexion et la volition. D'où leur mobilité, leur instabilité, leur irrésolution. » [30]

Ne dirait-on pas, à s'y méprendre que tout ce tout ce qui précède, l'observation du seul Rimbaud l'a dicté ?

De par l'intégrité de son intelligence, Rimbaud n'est pas un malade. Cependant, il n'est pas non plus un individu normal. le dérèglement de son affectivité et de sa volonté l'atteste. En réalité, Rimbaud se range parmi les individus. dont on ne saurait trop dire si leur psychisme dans l'ensemble est encore sain ou déjà morbide: qui vivent « dangereusement » sur de véritables frontières entre l'état normal et l'état pathologique, mais refusent, pour sauvegarder leur originalité, de consentir à une vie mentale qui présenterait moins de risques. Rimbaud appartient à cette classe d'impondérés qui préfèrent, à la vie raisonnable que la société leur propose, la vie capricieuse et heurtée que leur incorrigible caractère leur impose. La tendance naturelle de l'homme à l'égoïsme. Rimbaud ne la domine pas. Il ne le veut pas. Peut-être aussi ne le peut-il pas. « Plus léger qu'un bouchon, j'ai dansé sur les flots », avoue-t-il lui-même. Dans ce vers. toute la vie de Rimbaud est inscrite.

CHAPITRE IV

Causes de la déséquilibration d'A. Rimbaud

I. — Mesure dans laquelle l'œuvre littéraire relève de la déséquilibration

Cette notion de déséquilibration nous rend désormais possible l'explication et de l'incohérence de l'œuvre de Rimbaud et de l'échec où aboutit son entreprise.

Or dès maintenant nous pouvons dire que si l'Esthétique de Rimbaud ne pouvait être conçue que par une intelligence de l'envergure de la sienne, par contre les outrances de l'application que Rimbaud en fit, ne pouvaient être le fait que d'un déséquilibré.

Cette tendance de Rimbaud à l'outrance, témoin de cette déséquilibration, il serait aisé d'en retrouver les germes dans l'esprit des poèmes du collégien lui-même, dans les sarcasmes et les invectives qui en fournissent le thème, dans ce parti-pris de pessimisme, cette rage de souiller, d'enlaidir, de tourner en ridicule, « tout ce qui dans la nature est fait pour

charmer une sensibilité et des sens normaux » [1].
A dix-sept ans, cet enfant a exprimé — en des vers
magnifiques — son dégoût universel. En des poèmes
d'une splendeur de forme stupéfiante, il a insulté à
tout ce qu'on respecte, à tout ce qui fait la noblesse
et la dignité de la vie. Et déjà ce contraste entre la
magnificence de la forme et l'immoralité révoltante
et complaisamment ordurière du fond n'est pas le
caractère le moins choquant de ces poèmes. En réalité il traduit déjà le défaut d'équilibre qui, au même
titre que l'incohérence de sa vie pratique, détermi-
nera l'incohérence de l'œuvre du poète.

Bientôt, en effet, Rimbaud en vient à « injurier »
la Beauté littéraire. Le dégoût qu'elle lui inspire,
rien ne l'exprime mieux que la fameuse « profession
de foi littératucide » de 1871, formulée moins d'un an
après qu'il a achevé sa rhétorique : « Racine, peuh!
Victor Hugo, pouah!... Le génie français..., haïssable
au suprême degré, avachissement... d'innombrables
générations idiotes... » [2], etc... Seul un anormal pouvait, ayant la pleine conscience de sa supériorité
intellectuelle, employer cette supériorité à préférer
aux œuvres qui honorent la pensée humaine, « les
peintures idiotes, dessus de portes, décors, toiles de
saltimbanques... la littérature démodée... livres éro-
tiques sans orthographe... » [3] qu'il énumère dans un
passage célèbre. Seul un anormal pouvait, toujours
conscient de sa valeur, et se réclamant de cette valeur,
consentir à la dangereuse esthétique qu'il se propose

désormais : esthétique toute basée sur la spontanéité incontrôlable de l'instinct, et du subconscient, et qui s'en remettant au seul hasard, du soin d'associer sensations, images, vocables, fait de toute la création poétique, comme on a pu le dire, « une dérision de l'effort créateur » [4].

Mais encore cette théorie, du fait qu'elle ouvrait la voie à tous les ésotérismes, ouvrait en même temps la voie à toutes les outrances, et ce sont ces outrances, qui de son art, firent la « folie » où le génie de Rimbaud se perdit.

C'est que l'art de Rimbaud (et celui-ci s'en rendit compte dès 1873 comme maints passages de « *Une Saison en Enfer* » en témoignent), dans sa poursuite insensée de l'originalité, ne pouvait se fixer de limite, son égotisme lui-même, de par sa nature absolue, permettait toutes les extravagances.

Du jour où Rimbaud entreprit de n'écrire plus que pour être compris par soi-seul, on peut dire que son art était voué à une faillite. Avec une rapidité foudroyante, Rimbaud, de ce jour, franchira les dernières étapes de son génie, et l'on assistera à ce spectacle d'un caractère paradoxal inégalé : d'un poète, en possession des dons les plus beaux, muni de la pensée la plus vigoureuse, et du style le plus maître de soi, qui renonce, de propos délibéré, à une telle richesse de ressources, préfère « écrire des silences des nuits », « ne sait plus parler », ne sait plus même penser. « A force de s'appesantir, de se replier,

de s'éterniser sur les mots, dans le silence et la soli-
tude, renonçant aux corrections indispensables du
monde extérieur, il s'est exténué dans d'épuisantes
recherches de timbre et de couleur, livré aux sorti-
lèges de l'hallucination verbale. » [5] Certes. Mais
cette hallucination verbale, cette « futilité » [6], si
elles furent la pierre d'achoppement de son système,
et la cause occasionnelle de l'impossibilité où il se
trouva de continuer plus longtemps l'expérience,
c'est qu'elles étaient surtout le fruit de l'entreprise
anti-sociale que fut toute la vie de Rimbaud, le poète
comme le vagabond, le déséquilibré.

II. — Facteurs autres que la déséquilibration qui auraient influé sur l'œuvre poétique de Rimbaud.

C'est ici le lieu de faire deux remarques impor-
tantes : Que, d'une part, la carrière littéraire de Rimbaud se superpose, chronologiquement, à la période
de sa puberté; que d'autre part l'époque où Rimbaud
conçoit et réalise la partie de son œuvre la plus éso-
térique (« *Les Illuminations* ») correspond à celle de
ses excès cérébrotoxiques (1871-1872).

A) PUBERTÉ.

Rimbaud a écrit toute son œuvre de 1869 à 1873,
soit de 15 à 19 ans. Or cet âge, qui cause à bon droit
l'étonnement de l'esthète, il importe, et ici moins que

partout ailleurs, que le clinicien ne cesse de l'avoir à
l'esprit.

C'est que, en dépit de sa précoce maturité d'esprit,
et de la rapidité d'évolution de son génie (telle qu'on
a pu dire que « Rimbaud vivait deux fois plus vite
que le commun des mortels ») [7], Rimbaud fut — et
resta toute sa vie — un enfant [8].

Toute son œuvre littéraire, et en particulier son
Esthétique du « Voyant », porte la marque de son
âge. Le poète des « *Illuminations* », s'il bégaie, c'est
qu'il le veut bien, mais c'est aussi que son esthétique
est avant tout celle du Poète-Enfant au sens absolu
du terme. Quand Rimbaud prétend « voir » avec des
yeux « neufs », « innocents « reconstituer les Voix »,
« s'élancer aux splendeurs invisibles, aux délices
insensibles », n'est-ce pas qu'il cherche à recréer le
monde comme le recrée de toutes pièces chaque
enfant à son tour, et que ces « visions » qu'il expri-
mera seront celles précisément que l'enfant ne peut
pas exprimer ? Entreprise qui implique une singulière
puissance de pensée, et périlleuse comme nous
l'avons montré. Mais sa hardiesse même, de qui
pouvait-elle procéder, sinon d'un enfant ? De là, l'égotisme de l'œuvre, et sa variété capricieuse, et, sous
cette variété, son caractère obstiné d'autobiographie
et l'absolue sincérité de cette confession. (D'ailleurs
qu'aurait pu raconter Rimbaud, à 17 ou 18 ans, sinon
soi-même ?) De là enfin son ésotérisme, fruit direct
de l'égotisme que nous disons — et tel que certains

n'ont voulu voir dans l'auteur des « Voyelles » qu'un jeune mystificateur, qu'un « fumiste réussi » [9].

« Ces écritures-ci sont d'un jeune, tout jeune homme » [10], dit-il lui-même. Nous le croyons sans peine. Mais ce jeune homme fut en même temps un déséquilibré, ne l'oublions pas. Dans quelle mesure alors ses actes ressortissent-ils de cet âge ? de cette déséquilibration ?

Son orgueil, par exemple, dont nous avons établi tout à l'heure la nature morbide, serait-il par ailleurs, d'origine, de nature toute scolaire? Le fort-en-thème qui à la fois apporte tant de complaisance à faire les vers latins de ses camarades et, avec affectation, dédaigne de se mêler à leurs jeux; le rhétoricien sur lequel tous ses maîtres ont fondé tant d'espoirs et qui refuse catégoriquement de passer son baccalauréat : — comment définir son orgueil, ce besoin de se singulariser? Déséquilibration ou puérilité? — Ses premières fugues à Paris, particulièrement absurdes, sont-elles d'un paranoiaque ou d'un gamin? Lors de son séjour à Douai en 1870, quand le futur auteur du « projet de constitution communiste », sollicité d'être admis à titre volontaire dans la garde natioale [11], dont un mois auparavant à Charleville, il raillait le « patrouillotisme » [12], Rimbaud est-il un instable ou un enfant? S'il se promène par les rues de Charleville, avec une chevelure qui lui descend jusqu'au milieu du dos, « imperturbable, tête nue parfois pour mieux faire saisir l'insolence

de sa toison, et toujours sa pipe au « fourneau ren-
versé par une sorte de raffinement dans le mauvais
genre » [13], est-ce par excentricité, ou, comme nous
le dit M. E. Delahaye, pour jouer les Théophile Gau-
tier de l'époque héroïque du Romantisme? Comment
faut-il interpréter sa timidité, sa taciturnité, ses bra-
vades, son obscénité? [14] Et son parti-pris de dédai-
gner les plus élémentaires convenances? Et son pan-
théisme? Et son anarchisme? Et sa misogynie? Quand
il déclare que sa supériorité tient à ce qu'il n'a pas de
cœur, raille-t-il? (Car au fond cet enfant sait rire, et
faire rire) [15]. Et quand il couvre de blasphèmes
répugnants les bancs des promenades? — Sa fougue
à embrasser les causes les plus utopistes et subver-
sives, sa violence passionnée de partisan, ses velléités
d'évangéliste et de prophète, et surtout, l'aisance
avec laquelle son esprit se désintéresse successivement des passions qui l'ont animé (politique, sociologie, poésie) — qu'implique au juste une telle diver-
sité? Une telle mobilité? — Un psychisme immodéré-
ment désaxé, ou une succession de caprices d'enfant?

D'autant plus que, de 1869 à 1873, cet enfant est
en pleine puberté, et que chez lui, celle-ci se mani-
festa avec une brutalité particulière. En moins d'un
an (1870-1871), sa taille passe de 1 m. 60 à 1 m. 80, et
quand il a achevé sa croissance, il n'a guère que dix-
sept ans. N'est-il pas infiniment probable qu'un tel
déréglement physiologique influença la « mue psychique » de Rimbaud, et en particulier ce désir d'in-

dépendance qu'il est normal de voir se révéler à un degré variable. chez tout adolescent? « Ce déséquilibre seulement transitoire. et qui représente une sorte de « mue » psychique. parallèle à la mue corporelle de la puberté. est une époque propice à l'éclosion. chez les prédisposés, des troubles mentaux si variés, décrits sous le nom de « folies de la puberté » [16]. Mais alors. l'instabilité de Rimbaud, son attitude antisociale, et le déréglement de ses facultés affectives et volitives, devrions-nous donc les ranger parmi ces « folies », et ne les attribuer qu'à une puberté elle-même déréglée?

Réfléchissons qu'à l'époque où il arrive à Paris chez Verlaine, Rimbaud est un « gamin maigrichon, grand paysan dégingandé aux grosses mains rouges, aux allures gauches » [17]. dont la « vraie tête d'enfant. dodue et fraîche. contraste avec « son grand corps osseux et maladroit » [18] (« l'air d'un échappé de maison de correction » [19]); dont la voix est « très accentuée en ardennais, presque patoisante, avec ces hauts et ces bas de la mue » [18]; qui par son manque total des manières et sa complète ignorance du monde achève de se rendre antipathique. Et ces détails ont leur importance si l'on réfléchit que Rimbaud, particulièrement porté à saisir le côté caricatural des choses, plus que quiconque a conscience de ces désavantages, dont il souffre dans son amour-propre. « Le mutisme de Rimbaud lors de son arrivée chez les Verlaine, sa taciturnité arrogante viennent peut-être

de ce qu'il a surpris l'étonnement de ses hôtes, trou-
vant un gamin sans grâce au lieu d'un jeune homme
brillant, étonnement que Verlaine nous a appris
qu'on n'avait pu dissimuler » [20], et que l'enfant
orgueilleux a pris pour un affront. Qu'il se replie dans
une insolente réserve, ou se livre aux forfanteries et
aux mystifications par lesquelles il s'aliène tout le
monde littéraire parisien, au fond Rimbaud reste un
orgueilleux qui donne le change à sa faiblesse, parce
qu'il enrage de toutes les disproportions qu'il se sait,
et surtout de la « différence contre nature qu'il y a
entre sa mentalité et son physique, du désappointe-
ment que sa vue cause à ceux qui ne connaissaient
que ses vers » [21].

C'est ici le lieu de revenir sur la nature de sa
misogynie. Sans doute, comme nous l'avons vu, cette
misogynie fut l'aboutissement, « le couronnement »
d'un système. Mais ce système, Rimbaud dut-il y
consentir malgré soi, plutôt que son caprice ne l'in-
venta librement ? Conscient de son désavantage physique, l'adolescent ne prit-il en aversion la femme que
dans la mesure où elle ne satisfit point son imagination ? Faut-il, en d'autres termes, ne voir dans sa
misogynie que la réaction simpliste d'un amour-
propre déçu ? Certains le prétendent, et c'est d'ailleurs une hypothèse plausible. « Son attitude devant
la femme est celle du renard devant les raisins. Le
mépris, le dégoût, la haine qu'il lui porte est la rébel-
lion de son prodigieux orgueil mortifié. » [22].

Et si Rimbaud consentit à suivre Verlaine dans ses
« blâmables excès ». il n'est pas improbable qu'il y
ait été poussé. lui aussi [23]. par des raisons d'ordre
plus matériel que philosophique. Rimbaud, dès
15 ans. affirme. par l'érotisme de son œuvre, le caractère normal de sa sensualité. Mais quoi d'étonnant
qu'insatisfait. « chaste par force », cet adolescent,
travaillé par une puberté d'une violence peu commune, ait été conduit à tous les errements?

Pour en revenir à son œuvre poétique, remarquons
que Rimbaud conçoit et formule son esthétique du
« Voyant » en mai 1871, c'est-à-dire en pleine période
de croissance. Le « sensationnisme » sur lequel elle
repose ne fut peut-être que la « sublimation » du sen-
sualisme d'un pubère [24], et l'incohérence qui en
résulta ne mesura jamais que l'exaspération d'une
sensualité insatisfaite. « N'ayant pas aimé de femmes
— quoique plein de sang! — il eut son âme et son
cœur, toute sa force, élevés en des erreurs étranges et
tristes. Des rêves suivants, — ses amours!... » [25]

Remarquons que c'est lors de son séjour à Londres.
fin 1872, que Rimbaud commence à se désintéresser
de la poésie — précisément, si nous nous en tenons au
témoignage de P. Berrichon. à l'époque de ses premiers rapports sexuels normaux [26].

Faut-il en conclure que son aventure littéraire ne
fut en quelque sorte qu'un équivalent psychique d'une
crise de croissance; ou qu'elle fut, au même titre que
ses autres aventures. une des « folies de la puberté »

dont nous parlions tout à l'heure ? Ou ne fut-elle qu'une « fumisterie », comme nous l'avons déjà dit, mais à laquelle Rimbaud se serait pris lui-même?

« Absurde! Ridicule! Dégoûtant! » dira l'homme plus tard. Et quand on lui apprendra, en 1886, que ses « *Illuminations* » ont été publiées à son insu, à Paris, le négociant du Hàrrar « entrera dans une grande colère ». Cette colère, quels souvenirs exactement condamnait-elle? Et de quelle nature au juste étaient les erreurs de jeunesse, dont Rimbaud se repentait? Nous ne le saurons peut-être jamais.

Mais encore, le renoncement de Rimbaud à la littérature ne marqua pas le terme de ses vagabondages. Nous savons que ceux-ci devaient se prolonger toute sa vie. Le trafiquant de Harrar lui-même n'y a pas renoncé et il se fait explorateur. Amputé, Rimbaud rêve encore de repartir. C'est un instable, avons-nous dit. « Il ne peut tenir en place. » Dans quelle mesure cet instable resta-t-il un enfant?

B) Cérébrotoxie.

D'autre part l'année 1871-1872 où Rimbaud mit en œuvre son esthétique du « Voyant », fut celle de ses excès cérébro-toxiques. On sait d'ailleurs que cette cérébrotoxie faisait partie intégrante du système. « Le poète se fait voyant par un long, immense et raisonné dérèglement de tous les sens. Il épuise en lui tous les poisons pour n'en garder que les quintessences... » Or, ces « poisons » ne furent pas que des fictions poétiques. La plupart furent même d'un ordre très concret. Spiritueux, stupéfiants, absinthe, haschich, alcool, tabac (opium peut-être) : Rimbaud, se donnant à soi-même le prétexte qu'il invente un art nouveau, expérimente tout, se livre à l'intoxication, sans mesure, comme dans tout ce qu'il entreprit.

Il est probable d'ailleurs que des raisons, autres qu'esthétiques, l'y poussaient. « Revanche des privations d'une enfance « naturellement sobre »; habitude fatale de désœuvré... » [27] : recherche de l'oubli, par un enfant « désorbité », trop intelligent » pour ne pas sentir que sa vie est manquée? « Oisive jeunesse à tout asservie... » [28]. Mais surtout son âge, qu'il ne faut pas perdre de vue, ici plus qu'ailleurs. Si Rimbaud résiste si peu à l'exemple de Verlaine, c'est d'abord qu'il n'a que seize ans, et que grisé par l'enthousiasme de son admirateur, il renchérit, et tient à montrer qu'en dépit de son âge, il est apte à mener la vie anormale requise, selon lui, par sa qualité de poète. D'autre part il est encore sous l'influence de ses lectures, et en particulier de Baudelaire, l'auteur des « Paradis artificiels », que, dans la fameuse lettre du 15 mai 1871, il appelle « le premier Voyant, roi des poètes, un vrai dieu ». A quoi il ajoute : « Encore a-t-il vécu dans un milieu trop artiste, et la forme si vantée en lui est mesquine. Les inventions d'inconnu réclament des formes nouvelles. » Refaire Baudelaire, en le dépassant : entreprise présomptueuse, et bien d'un adolescent.

C'est ce qui explique que Rimbaud, avec « ce vou
loir terrible qui est sa marque », qui n'est peut-être
au fond que « l'inconscience » de son âge, entreprend
sans tarder « l'horrible travail ». « Qu'il crève dans
son bondissement par les choses inouïes et innommables! » La plupart des « *Illuminations* », prose ou
vers, en seront le fruit, c'est-à-dire ces « formes nouvelles » que Baudelaire n'a pas osé inventer.

Mais alors, la licence de la forme, l'obscurité des
images, l'incohérence des associations, de quoi au
juste sont-elles la conséquence? De l'esthétique du
« Voyant », ou de l'intoxication exogène?' Et les
« Délires », et les « Vertiges », de quelle nature sont-
ils exactement? Auraient-ils donc été plus concrets
que l'œuvre écrite ne le laisse supposer? En tous cas
il est indéniable qu'ils présentent tous les caractères
des délires toxiques. « Point de psychose où l'imagination se donne plus librement carrière. C'est pour
ce fait qu'on les a comparés aux rêves, qui son'
eux-mêmes fréquemment liés à des influences
toxiques. » [29] Aucune logique dans l'enchaînemen!
des images. Aucune tendance à la systématisation des
idées. Inconsistants, désordonnés, fantaisistes, ils sont
surtout hallucinatoires. « Les sujets projettent devan!
leur conscience les images déposées dans leurs centres
sensoriels, et ces images ont alors elles-mêmes l'as-
pect désordonné, incohérent, rapide et multiple,
kaléidoscopique des conceptions imaginatives elles-
mêmes. » (Legrain [30]). « Rêve intense et rapide de

groupes sentimentaux avec des êtres de tous les
caractères parmi toutes les apparences », traduit
Rimbaud lui-même [31]. Les hallucinations, auxquelles
le poète prétend « s'habituer » de son plein gré, et
dans un but artistique, lui auraient-elles donc été,
plus exactement, imposées ? « O MON bien ! O MON
beau ! Fanfare atroce où je ne trébuche point ! (?)...
O maintenant nous si digne de ces tortures ! rassem-
blons fervement cette promesse surhumaine faite à
notre corps et à notre âme créés : cette promesse,
cette démence ! On nous a promis d'enterrer dans
l'ombre l'arbre du bien et du mal, de déporter
les honnêtetés tyranniques... Cela commença par
quelques dégoûts... Cela finit par une débandade de
parfums... Cela commençait par toute la rustrerie,
voici que cela finit par des anges de flamme et de
glace... » [32] Que Rimbaud « cultivant » (ou consen-
tant à) un tel désordre, s'affranchisse des contraintes
de la poétique traditionnelle (dont jusqu'en août 1871
il s'est cependant si aisément servi), nous consentons
à l'attribuer aux nécessités de l'esthétique qu'il s'impose. Mais au fond est-ce bien son esthétique qui le
contraint à semblables désordres ? Et quand ces
désordres ne peuvent plus être dominés, est-ce bien
pour de seules raisons littéraires que Rimbaud
renonce à poursuivre l'expérience ? Certes Rimbaud
est trop orgueilleux pour convenir si vite de l'erreur
qu'il sent avoir commise, et force lui est de s'inventer
des alibis, qui lui dissimulent à lui-même les réelles

causes qui dissolvent et stérilisent son génie [33]. Il ne s'adonna que peu à l'alcool, nous disent des critiques aussi différents de tendances que MM. Izambard, Delahaye et P. Berrichon. Nous y consentons. Il n'en reste pas moins qu'à Londres (septembre-décembre 1872) il s'y adonnait encore, et surtout que les « *Illuminations* » furent écrites précisément dans le même court espace de temps où il avait « foi au poison » (année 1872). Et quand Rimbaud renonce à Verlaine et à tous excès (alcooliques en particulier), il a déjà renoncé, en principe, à la littérature (hiver 1872). Ce renoncement, dont la « Saison en Enfer » ne fut que la signification publique, n'aurait alors été qu'un aveu d'impuissance, terme de l'action inhibitrice de l'intoxication exogène.

III. — Rapports de la déséquilibration, de la puberté et de la cérébrotoxie

En résumé, il semble que si l'expérience poétique de Rimbaud aboutit à un échec, on ne puisse pas l'attribuer à une cause unique. Il est même infiniment probable que des facteurs aussi étroitement contemporains chez Rimbaud, que déséquilibration, puberté, cérébrotoxie, loin de jouer isolément, s'influencèrent mutuellement et conjuguèrent leurs forces pour influencer à leur tour le poète.

Si nous considérons en effet que la stérilisation du génie de Rimbaud s'est opérée en quelques mois, force nous est de supposer que les facteurs que nous avons dits ont agi simultanément, à la façon d'un complexe indissociable sans qu'on puisse définir, de chacun de ses éléments, le rôle respectif. Il nous apparaît par exemple qu'une puberté aussi déréglée que celle de Rimbaud ne pouvait que préparer, tout au moins favoriser la déséquilibration de son psychisme; son âge et son impulsivité, que favoriser sa tendance à l'intoxication ; cette intoxication elle-même, en retour, qu'exaspérer la déséquilibration. De sorte que l'esthétique de Rimbaud et les outrances de l'application qu'il en fit, on ne peut dire si elles furent le fait d'un déséquilibré plutôt que d'un intoxiqué, ou que d'un enfant grisé par les audaces d'un âge inconséquent. Il semble donc en fin de compte rationnel de penser qu'elles furent l'aboutissement de toutes ces influences réunies, sans toutefois qu'on puisse déterminer la mesure dans laquelle chacune d'elles favorisa les autres, et en définitive l'œuvre qui en résulta.

IV. — Causes prédisposantes de la déséquilibration d'A. Rimbaud

Cependant, ces réserves faites, quant à l'interprétation de l'œuvre littéraire, ne perdons pas de vue que Rimbaud, poète ou non, est avant tout un déséquilibré, et que, si la puberté et la cérébrotoxie ont en quelque mesure influencé cette déséquilibration, néanmoins rien ne nous autorise à penser qu'elles ont suffi pour la créer.

« Folie de la puberté », avons-nous dit tout à l'heure, tant de l'œuvre littéraire que des troubles psychiques présentés par Rimbaud dès l'âge de quinze ans. Mais les folies de la puberté n'apparaissent que chez des prédisposés, et maints critiques littéraires l'ont eux-mêmes bien pressenti. « En tant que révolté, Rimbaud est un monstre, un dément », écrit M. Coulon, qui ajoute : « De cette démence-là, il ne guérira jamais. C'est évidemment l'effet de sa constitution physique, de l'agencement de ses nerfs ou de la composition de son sang. » [34] MM. Izambard et Delahaye, que nous avons consultés tout particulièrement sur ce point, en conviennent. Rimbaud était un prédisposé. C'est ici le lieu d'étudier les facteurs de cette prédisposition, et en particulier les influences héréditaires.

Le père de Rimbaud (né en 1814) était un aventurier. Nous avons dit qu'il était officier de carrière, et qu'il avait fait avant son mariage la campagne d'Algérie. Il resta huit années en Afrique, comme employé des bureaux arabes, pendant lesquelles il se serait adonné à des habitudes d'intempérance. Marié à 39 ans, il ne semble pas s'être corrigé de cette intempérance. Rimbaud, nous écrit M. Delahaye, « a avoué à Germain Nouveau que son père avait été un buveur ».

Il nous apparaît que cette intempérance ne fut peut-être pas étrangère aux discordes domestiques qui déterminèrent les époux à se séparer en 1860, soit après six années de mariage. « Il avait, écrit P. Berrichon (qui devint le beau-frère de Rimbaud), le caractère mobile : indolent et violent tour à tour. Est-ce aux bureaux arabes qu'il avait contracté son humeur peu paternelle et qui se démontrait surtout en présence des derniers nés? Toujours est-il que sa femme, chaque fois qu'un enfant allait lui naître, quittait momentanément le foyer conjugal pour allei réfugier sa maternité auprès de son père, Nicolas Cuif. » [35] Le capitaine Rimbaud laissait à sa femme quatre enfants, auxquels, par la suite, il ne devait jamais s'intéresser ni témoigner d'affection. Il mourut en 1878 sans avoir cherché à les connaître. « De son père, Rimbaud tiendra l'instabilité maladive, l'humeur capricieuse et violente, la curiosité inépuisable, le goût des voyages et des langues. » [36] Ajoutons : l'égoïsme et l'inaffectivité.

Mais c'est surtout l'influence de la mère sur laquelle il nous faut insister ici. Et nous autorisant principalement des témoignages de MM. Izambard et Delahaye, nous dirons tout de suite que la déséquilibration d'Arthur Rimbaud fut pour la plus grande part la résultante de l'éducation maternelle [37].

La mère d'A. Rimbaud était une femme de caractère rude à la fois et de tempérament nerveux; qui avait présenté dans son enfance des accès de somnambulisme, et qui, du fait d'une intelligence très primaire, devait se montrer toute sa vie irréductiblement têtue, et autoritaire « jusqu'à la manie »

« Bigote » et « d'une acrimonieuse avarice », elle exerça sur ses enfants une « absurde tyrannie » [38], sans compréhension aucune du degré de malléabilité du caractère de chacun, et qui devait faire d'Arthur, selon la forte expression de M. Coulon, une véritable « victime de l'éducation maternelle ». « Jamais il ne fut plus tiré à dia quand il eût fallu tirer à hue. Un composé de Mme Lepic et de Brutus l'Ancien où le père de Montaigne était nécessaire... Impossible de ne pas souligner combien la destinée fut responsable qui opposa tant d'étroitesse à tant de largeur, à tant d'indépendance de préjugé, d'ignorance à tant de savoir... » [39] « Il semblait, écrit M. Izambard, qu'il ne pût marcher qu'à renfort de calottes dans le sentier de la vertu et du prix d'honneur... » [40] Education maladroite qui, MM. Izambard et Delahaye y insistent particulièrement, fut la raison déterminante et capitale de la révolte continuelle que fut toute la vie d'Arthur Rimbaud. La contrainte excessive à laquelle Mme Rimbaud soumit ses enfants, lui attira d'Arthur une véritable haine, dont le refoulement fut le point de départ du système outrancièrement antisocial, qui fit de Rimbaud et le poète « ipséiste » et le vagabond inadaptable que nous avons vus. L'intelligence de Rimbaud, que sa mère ne sut jamais — ne pouvait — apprécier qu'en fonction de ses succès scolaires ou des situations lucratives qu'elle lui permettait de se faire, ne pouvait près d'une femme aussi foncièrement (et complaisamment) rustique [41], qu'être expo-

sée à un froissement perpétuel. Rien d'étonnant **alors**
à ce que, pour toutes ces raisons, Rimbaud soi*
devenu, de si bonne heure et à un tel degré, le « hors-
la-loi » incoercible, l'itinérant qui s'expatrie et ose
écrire qu'il fut celui « dont la vie s'est développée
n'importe où, sans mère, sans pays, fuyant toute contrainte morale » [42].

L'inadaptabilité qui marque toute la vie d'Arthur
Rimbaud semble donc avoir eu sa source dans l'incapacité où cette intelligence se trouva de s'accommo-
der à un milieu essentiellement médiocre. Ce que
nous savons des frère et sœurs de Rimbaud ne fait
d'ailleurs que confirmer nos vues. Comme leur mère
en effet, dont ils subissaient passivement l'autorité
« caporale », les collatéraux d'Arthur Rimbaud
semblent bien avoir été d'une intelligence étroite et
faible. Le frère d'Arthur, en particulier, Frédéric
Rimbaud, d'un an plus âgé qu'Arthur, était, dans
l'ordre intellectuel, nettement inférieur à la moyenne.
Il ne put suivre les cours au delà de la seconde
et ne put exercer que les métiers les plus humbles :
camelot, marchand de journaux, domestique dans
une ferme, conducteur de voiture publique.

Nous manquons de détails précis concernant ses
sœurs : L'une d'elles (le premier enfant du mariage),
mourut en bas-âge. Une autre, Vitalie Rimbaud (quatrième enfant du mariage), mourut à 17 ans. Quant à
Isabelle, qui épousa Paterne Berrichon, et que nous
ne connaissons guère qu'à travers son livre « *Re-*

liques », il nous semble bien (M. Izambard est caté-
gorique sur ce point) qu'elle n'ait été, elle aussi,
qu'assez peu apte à comprendre son propre frère. Son
obstination, tout au moins étrange, à ne voir dans les
œuvres poétiques de son frère, et en particulier dans
les « *Illuminations* », que préoccupations catholiques,
« d'une pureté de neige » ; et, ce qui est plus grave,
son parti-pris de contredire à d'évidentes vérités his-
toriques, ou de les déformer, ou de les ignorer, parce
que ces vérités contrarient sa thèse de « Rimbaud
catholique », — nous portent à le croire. Il ne faut
pas perdre de vue qu'Isabelle Rimbaud ne connut
l'œuvre poétique de son frère qu'après la mort de
celui-ci. Elle n'était âgée que de treize ans quand en
1873, Rimbaud quitta presque définitivement les
siens, et jusqu'en 1891 (date de la mort du poète) ne
le considéra jamais que comme « un ingénieur, un
explorateur, un citoyen utile à sa patrie, et je ne sais
quel éminent bourgeois comme le désirait Mme Rimbaud » [43]. Ce que nous savons de la vie morale de
Rimbaud contredit absolument à de semblables
assertions. Et de telles erreurs, de la part de sa
propre sœur et à ce point consenties par elle, ne
mesurent que davantage encore la distance intellectuelle qui séparait Rimbaud de son propre entourage.

Dans un milieu si peu compréhensif, « que vais-je
devenir? disait-il à M. Izambard dès 1870. C'est sûr
que je ne supporterai pas cette existence une année

de plus... Je m'en évaderai... Je tomberai sur la route, je mourrai de faim sur un tas de pavés, mais je m'en irai. » [44]

Et il s'en alla, en effet, d'autant plus que son frère Frédéric lui en donna l'exemple, au début du mois d'août 1870. « Un régiment passe, en marche vers la frontière. Frédéric emboîte le pas, se faufile dans les rangs... Bloqué à Metz avec son régiment adoptif, il s'échappe au moment de la capitulation, revient à Charleville par étapes... » [45] Quels furent exactement les motifs de cette fugue? Réaction contre l'autoritarisme de sa mère, dont cet enfant a souffert d'autant plus que sa faiblesse scolaire, pour ne pas dire sa nullité, blessait au vif l'amour-propre maternel? Crise de puberté, impulsion d'un adolescent de 17 ans d'autant plus inconséquent que mentalement inférieur à la normale? Il est difficile de le déterminer. Toujours est-il qu'on ne peut pas ne pas être frappé du caractère absurde de cette fugue, à laquelle ressembleront tant celles du frère puiné, à peine un mois plus tard.

Mais surtout cette fugue du frère aîné — et c'est en quoi elle présente pour nous un intérêt considérable — s'accomplit à la faveur des mêmes bouleversements social et moral : la guerre, qui par un hasard chronologique étrange, coïncida précisément avec la crise de la puberté chez le frère cadet. « Pendant cette période, il passait dans l'air un tel souffle d'indépendance, d'héroïsme; on avait si bien la notion que tout

ce qui avait été finissait et que les vieux cadres étaien:
rompus » [16], que l'on peut se demander si Rimbaud
n'aurait pas été une sorte d' « enfant du siècle » dont
la déséquilibration psychique, préparée par l'hérédité et l'éducation, se serait extériorisée à la faveur
de la déséquilibration sociale.

« Faut-il croire, écrit M. Izambard, que les échos
du canon de Sedan, à huit ou dix lieues de Charleville, surexcitèrent son système nerveux comme le
fait l'approche d'un cataclysme chez les « agités »?
Toujours est-il que quatre jours plus tard il était en
fuite. »[17] Et cette « fuite » devait durer toute sa vie.

CHAPITRE V

Rapports de l'individualisme esthétique
et de la psychopathie

Rimbaud peut être considéré comme le prototype des poètes ipséistes. C'est de lui que se réclame tout l'Egotisme littéraire contemporain. C'est en lui qu'il salue, plus encore qu'en Baudelaire, le précurseur du procès esthétique de l'Intelligence.

Or il nous apparaît nécessaire, ici, de dissiper une fois pour toutes un malentendu, à la faveur duquel, depuis un demi-siècle, les esthètes prétendent renverser les valeurs, et proposent à l'intelligence humaine que l'œuvre d'art ne peut la satisfaire que dans la mesure où cette intelligence se renonce soi-même.

Certes nous reconnáissons bien là le précepte rimbaldien, du « raisonné déréglement de tous les sens ». « Il faut se faire « Voyant ». Il faut, surtout, faire table rase de toutes les valeurs intellectuelles et morales. Le livre par excellence, c'est le livre « nègre », aux « rythmes instinctifs ». On sait quels « livres nègres », en effet, depuis Rimbaud, et combien de Des Esseintes cette esthétique anti-intellectuelle nous a valus. *Mais ce qu'on oublie toujours, ce qu'on feint d'ignorer, c'est que Rimbaud lui-même avait renoncé à l'esthète qu'il avait voulu être.* C'est que dès l'âge de 19 ans, il s'était rendu compte de l'insanité de son entreprise, et surtout des dangers excessivement graves auxquels son « ipséisme » littéraire exposait son intelligence [1]. « Je ne pouvais pas continuer, dit-il à son lit de mort. Je serais devenu fou... Et puis... c'était mal. »

On sait dans quelle colère il entra, à Harrar, en 1886 (treize ans après son abandon de la littérature), quand il apprit qu'à son insu, à Paris, on venait de publier ses « *Illuminations* » [2]. N'est-il pas surprenant pitoyable, et dérisoire, que son esthétique, qui ne lui inspirait à lui-même que du dégoût (parce que précisément, il savait à quels désastres fatalement elle conduisait) — les artistes de cette époque s'en soient emparés, et, en toute conscience, aient fait de son « décadentisme » le dogme dont aujourd'hui encore tant de poètes se prévalent.

Mais d'abord, se réclamer de Rimbaud, au nom d'une esthétique anti-intellectuelle, nous apparaît comme une inconséquence, une erreur historique. *Le vrai Rimbaud en effet ne fut pas l'écrivain, mais celui qui renonça à écrire* [3]; le vrai poète, celui qui, au nom de l'Intelligence, refusa de pousser plus loin son expérience anti-intellectuelle.

C'est que cette esthétique — et c'est par quoi le

problème de l'ipséisme de Rimbaud nous semble présenter un intérêt d'ordre général. — reposait toute sur une conception viciée de l'originalité en Art, à savoir, que l'originalité se mesure à l'extravagance antisociale de l'artiste.

Pour atteindre à l'originalité, prétendait Rimbaud, que l'artiste déchaîne toutes ses tendances à l'ipséisme. Que sans frein, ces tendances se donnent libre carrière. Point de mesure. Et si l'artiste est marqué par la névrose, tant mieux! Qu'il la « cultive », qu'il l'exaspère. Qu'à force d'être soi, il devienne le « Grand Malade, le Grand Maudit... ». L'originalité aura atteint son suprême degré, lorsque, comme chez Rimbaud, l'incohérence du style aura interdit l'accès de l'œuvre, si ce n'est à son propre auteur.

« Des Esseintes, qui, en haine du banal et du commun, eût accepté les folies les plus appuyées, les extravagances les plus baroques, vivait de légères heures avec ce livre, où le cocasse se mêlait à une énergie désordonnée, où des vers déconcertants éclataient dans des poèmes d'une parfaite obscurité... C'était à peine français. L'auteur parlait nègre... » [4]. etc... — Tel Rimbaud. Comme des Esseintes il est supérieurement intelligent. Mais c'est « à rebours » qu'il exerce ses facultés. En fin de compte il est encore plus déséquilibré qu'intelligent.

Qu'on ne s'y trompe pas, en effet. Ce qui conduit le génie de Rimbaud à sa perte, c'est son subjectivisme. C'est son égoïsme anti-intellectuel. Certes l'audace même de son système postulait à l'origine une intelligence supérieure. Mais le « raisonné déréglement » de celle-ci, ne pouvait s'opérer qu'à la faveur d'une déséquilibration.

Rimbaud est un égoïste intégral. Il se cabre avec la pire insolence contre tous les préjugés, règles. idéals. De propos délibéré, il se refuse à toute compromission. Il renie famille, amis, patrie, civilisation C'est un hors-la-loi. et poète, de même. Seul un égoïste pouvait écrire ce que Rimbaud a écrit.

Heureusement le poète ne tarda pas à se rendre compte de l'erreur où il s'était fourvoyé. Il comprit un jour. de son génie, le caractère morbide. Il prit peur d'avoir compromis, dans une telle aventure anti-intellectuelle, sa propre vigueur cérébrale, et il éprouva de la honte à avoir consenti à une telle humiliation, à une telle souillure de sa propre pensée. *Il comprit surtout que l'Individualisme en art, s'il reste la condition de l'originalité, entrave par contre le génie créateur dès qu'il s'affranchit du contrôle de l'Intelligence frénatrice* [5]. « Folie. La folie qu'on enferme », dit-il lui-même de son œuvre dès 1873. Plus qu'on ne s'en doute peut-être, il entendait ce terme dans un sens médical. Il éprouvait que son attitude anti-intellectuelle n'avait pu être, chez un intellectuel de sa valeur. qu'une attitude « absurde » de malade, et qu'en fin de compte son génie. du moment qu'il en avait fait une « psychose dégénérative », n'était plus qu'un obstacle à la supériorité de son intelligence.

Si donc Rimbaud renonça à son génie, ce ne fut pas à cause d'un affaiblissement de son intelligence, bien au contraire. D'ailleurs peut-on appeler Génie, ce qui chez Rimbaud ne fut que la haine, la négation de l'Intelligence ?

C'est que le Génie, s'il n'est pas nécessairement synonyme de Supériorité intellectuelle [6], — néanmoins ne saurait sous prétexte d'originalité, se passer du contrôle de l'intelligence. Surtout, comme celui de Rimbaud, il ne saurait longtemps sans dangers s'employer à lutter contre l'Intelligence. Nous avons montré que les poèmes de Rimbaud, du jour où leur prétendue transcendance consiste dans l'incohérence des mots, — ne sont plus pour nous que des écrits de dégénéré.

On conçoit l'importance de ces considérations à une époque où l'Esthétique anti-sociale et anti-intellectuelle de Rimbaud est devenue le mot d'ordre de toute une littérature qui pousse l'inconséquence à vouloir ce à quoi Rimbaud lui-même n'a pas consenti au delà d'un âge qui était peut-être son excuse : le Déni de la Valeur Intellectuelle.

CONCLUSIONS

1) L'œuvre poétique d'Arthur Rimbaud fut telle,
par l'outrance de son subjectivisme, qu'elle ne pouvait qu'aboutir à l'incohérence, et bientôt à sa propre
inhibition. La question qui se pose est de savoir dans
quelle mesure, son individualisme, qui contraignit
Rimbaud à renoncer à l'Art dès l'âge de 19 ans, ressortit à la psychopathologie.

2) La vie instable de Rimbaud fut toute dominée par
l'inadaptabilité au milieu social d'un impulsif orgueilleux. Mais si on réfléchit que Rimbaud, malgré que
déréglé dans ses facultés affectives et volitives, était
doué d'une intelligence prodigieuse qui jamais ne
faillit, on est en droit de douter que son cas ressor-
tisse franchement à la psychopathologie. Selon nous
le développement inégal de ses facultés et penchants
le range plutôt parmi ces cas intermédiaires dont on
ne saurait trop préciser s'ils relèvent d'un psychisme
encore sain ou qui commence d'être morbide : cas de
« Desharmonie », de « Déséquilibration ». (Régis.)

3) L'incohérence de son œuvre littéraire, et le
terme de cette incohérence : la stérilisation précoce
du génie créateur de Rimbaud, nous semblent pou-

voir être attribués à la déséquilibration. Cependant, si l'on considère que chronologiquement : la période des outrances esthétiques de Rimbaud se superpose à l'époque de sa puberté (puberté particulièrement violente et contrariée), et d'autre part à celle de ses excès cérébrotoxiques, — on ne peut se refuser à penser que cette puberté et cette cérébrotoxie aient pu influencer dans une certaine mesure cette incohérence et cette stérilisation, soit directement, soit indirectement en exaspérant la déséquilibration.

4) Si l'on peut affirmer que la vie toute anti-sociale de Rimbaud (le poète autant que l'homme) fut déterminée par sa déséquilibration, il est non moins probable que cette déséquilibration elle-même fut l'effet de causes prédisposantes d'un intérêt considérable, à savoir :

a) l'hérédité (l'hérédité paternelle en particulier, probablement entachée d'éthylisme) ;

b) la maladresse d'une éducatrice totalement inapte à concevoir le sens et la valeur véritables de l'intelligence de son fils.

La déséquilibration d'autre part, commença de s'extérioriser à la faveur d'une cause générale, la guerre, dont les influences morales étaient d'autant plus graves ici, que, par un hasard chronologique malheureux, elles s'ajoutèrent aux causes de déréglement psychique de la puberté que nous avons dite.

5) C'est pourquoi le génie du poète, essentiellement anti-social et anti-intellectuel, loin d'être la

témoignage de sa supériorité intellectuelle, fut celui surtout de l'impondération morbide et de l'inconsé-quence d'un déséquilibré. Sans doute la hardiesse même d'une telle esthétique postulait à son origine une intelligence supérieure. Mais seul un anormal pouvait avec une telle insouciance, oser la réalisation des audaces que cette intelligence, se défiant soi-même, avait pu concevoir. Les écrits de Rimbaud présentent les caractères des écrits des dégénérés, à qui suffit de se comprendre seuls. Un anormal seul pouvait pousser l'application de son système poétique à un degré d'incohérence tel que l'unique moyen de sauvegarder son intelligence consistât dans le renoncement du génie à soi-même.

6) Il nous apparaît donc que si, en général, on peut départager le génie d'avec la supériorité intellectuelle. néanmoins, le génie ne reste possible que dans la mesure où l'intelligence continue d'exercer sur la tendance « ipséiste » du créateur son contrôle frénateur. L'aventure littéraire de Rimbaud démontre que du jour où le subjectivisme de l'artiste s'affranchit de ce contrôle, son art est voué à l'incohérence qui le désagrège. son génie à la dégénérescence qui le stérilise. Rimbaud lui-même a dû s'y rendre, dont l'intelligence. malgré que coexistant avec une affectivité et une volonté déréglée, devait par la suite. s'attester si supérieurement dans tous les domaines où elle exerça son activité.

NOTES

CHAPITRE PREMIER

(1) Voir la lettre de Rimbaud à P. Demeny, datée du 15 mai 1871, et publiée dans la *Nouvelle Revue française* du 10 octobre 1912. La théorie du « Voyant » est également exposée dans une lettre à M. Izambard, datée du 13 mai 1871, et encore inédite.

(2) « Un soir, j'ai assis la Beauté sur mes genoux. Et je l'ai trouvée amère. Et je l'ai injuriée. » (*Une Saison en Enfer.*)

(3) « Et j'ai vu quelquefois ce que l'homme a cru voir. » (*Bateau ivre.*)

(4) « J'avais, en toute sincérité d'esprit, pris l'engagement de le rendre à son état primitif de fils du Soleil. » (*Vagabonds. « Les Illuminations. »*)

« Enfin, ô bonheur, ô raison, j'écartai du ciel l'azur, qui est du noir, et je vécus, étincelle d'or de la lumière *Nature*. » (Alchimie du Verbe. *Une Saison en Enfer.*)

(5) Voir P. Claudel : Préface aux « Œuvres complètes ». (*Mercure de France,* 1912.)

(6) Voir le poème « Eternité ». (*Les Illuminations.*)

(7) Voir le poème « Génie ». (*Poèmes en prose : Les Illuminations.*) Et aussi : « Veillées IV », « Conte », « Solde ». (*Ibid.*). « Nuit de l'Enfer » (*Une Saison en Enfer.*)

(8) Voir le poème « Adieu ». (*Une Saison en Enfer.*)

(9) Voir Alchimie du Verbe. (*Ibid.*)

(10) Voir Alchimie du Verbe. (*Ibid.*).

(11) Voir Alchimie du Verbe. (*Ibid.*).

(12) Voir Alchimie du Verbe. (*Ibid.*).

(13) Lettre du 15 mai 1871.

(14) « Moi, je ne puis pas plus m'expliquer que le mendiant avec ses continuels *Pater* et *Ave Maria. Je ne sais plus parler.* » (« Matin ». In *Une Saison en Enfer.*)

(15) M. Coulon : *Le problème de Rimbaud,* p. 285.

(16) Alchimie du Verbe. (In *Une Saison en Enfer.*)

CHAPITRE II

(1) J.-M. Carré : *La vie aventureuse de Jean-Arthur Rimbaud,* p. 2.

(2) *Ibid.*, p. 4.

(3) « Enfant, il était déjà personnel, sceptique, terrible, non comme beaucoup d'enfants, mais terrible à froid, observateur, comme ces précoces dont l'avenir s'annonce orageux. » (LAGRIFFE : *J. de Psych. norm. et path.*, nov.-déc. 1910. p. 17.)

(4) *Ibid.*, p. 13.

(5) BOURGUIGNON et HOUIN : *Revue d'Ardennes et d'Argonne*. 1896-1897, p. 3, 4 *bis*, 4 *ter*.

(6) Voir, pour le récit des circonstances dans lesquelles il remporta le 1ᵉʳ prix de vers latins au concours de 1869 : P. BERRICHON : *Jean-Arthur Rimbaud*, p. 37-41. Au deuxième concours académique où il obtient le 1ᵉʳ prix de vers latins, il réussit à traiter son sujet en vers latins, en vers français, en prose latine et en prose française. « A partir de la seconde. écrit M. Delahaye, il arrive souvent à Rimbaud de déposer sur la chaire du professeur un devoir de vers latins fait aussi en vers français, ou des versions latines, des versions grecques traduites en vers et en prose. » (*Rimbaud, l'artiste et l'être moral,* p. 21.)

(7) « Il a des yeux et un sourire qui ne me plaisent pas, disait M. Pérette, professeur au Collège de Charleville. Intelligent tant que vous voudrez, mais finira mal. » Voir sur la précocité d'esprit de Rimbaud la narration française qu'il composa à l'âge de huit ans. (In BERRICHON : *loc. cit.*, p. 26-29.)

(8) G. IZAMBARD : *Rimbaud à Douai et à Charleville*. (Kra, 1927), p. 15.

(9) « ... Ce besoin d'échapper au milieu familial en fait un studieux éperdu... La classe, c'est, quelques heures par jour au moins, le milieu différent, le refuge, la bonne indépendance... » (E. Delahaye : *Rimbaud, l'artiste et l'être moral*, p. 85-86.)

(10) C'est lors de son année de rhétorique que Rimbaud sent s'affirmer en lui sa vocation de poète. Poète, c'est-à-dire, selon lui, cet être essentiellement différent des autres, et que ne contraint nulle discipline humaine. Maint poème de cette année 1870 atteste déjà chez lui de cette satiété de toutes conventions, de cette aspiration impatiente à l'indépendance matérielle et spirituelle dont bientôt la première fugue sera la brutale illustration.

(11) « La taille de Rimbaud, à la fin de 1870, était de 1 m. 61 ou 62, de 1 m. 79 à la fin de 1871. » (E. Delahaye : *Rimbaud*, p. 32.)

(12) « Sensation. » (*Œuvres complètes*, 1912, p. 21-22.)

(13) J.-M. CARRÉ : *Loc. cit.*, p. 49.

(14) Propos rapportés par E. Delahaye. (E. Delahaye : *Souvenirs familiers...*, p. 73.)

(15) J.-M. CARRÉ : *Loc. cit.*, p. 55.

(16) M. COULON : *Loc. cit.*, p. 108.

(17) Le manuscrit qui en fut montré à E. Delahaye en août 1871 n'a pas été retrouvé. En voir le commentaire in E. Delahaye : *Rimbaud* (1906), p. 31 et s.).

(18) Contrairement à la version généralement répandue, Rimbaud n'a pas atteint Paris et ne s'est nullement engagé dans les troupes de la Commune. M. Izambard fait observer avec raison que, le 13 mai, Rimbaud est encore à Charleville (d'où il lui envoie la lettre à laquelle nous avons fait allusion plus haut, et sur laquelle Rimbaud a recopié la poésie intitulée *Le cœur volé*). Le 15 mai, Rimbaud est toujours à Charleville, d'où il envoie à P. Demeny la lettre fameuse où il expose sa théorie du « Voyant ». Il n'a forcément pas eu le temps de gagner Paris avant la « semaine sanglante ».

(19) Voir récit détaillé de ce séjour in J.-M. Carré, *loc. cit.*, p. 70 et suiv.; A. Séché et J. Bertaut, *Verlaine*, p. 74-80; P. Berrichon, *Jean-Arthur Rimbaud, le poète*, p. 133 et suiv.

(20) « Il revint à Charleville pour y vivre assez seul. Il circulait toute la journée dans les environs, mû comme par un rêve intérieur, et la nuit, travaillait, commençait ses *Illuminations*. « Mais cela ne mène pratiquement à rien », lui disait sa mère. « Tant pis, il le faut ! », répondait-il. » (J.-M. Carré, *loc. cit.*, p. 86.)

(21) « Il mène une vie épuisante et anormale. » (J.-M. Carré, p. 90.) « Maintenant c'est la nuit que je travaince » (*sic*). (Lettre à E. Delahaye, publiée dans la *Nouvelle Revue française*, 1er octobre 1912.)

(22) « Fièvre, langueur, irritabilité, amaigrissement, visions, hallucinations. Il vient d'user d'alcool et de haschich, peu et seulement de temps à autre (?) sur l'espace d'une année (époque des *Illuminations*). A partir d'alors, il a fréquemment des accès de fièvre, de violents maux d'estomac. Il lui vient progressivement l'horreur du froid et de l'humidité atmosphérique. » (D'après les souvenirs de sa sœur Isabelle Rimbaud. In *Reliques*, p. 44.)

(23) Datée d'avril-août 1873, *Une Saison en Enfer* fut publiée à Bruxelles chez Poot et Cie. On raconte que Rimbaud en détruisit les exemplaires, sitôt reçus. En réalité (comme l'a montré M. L. Losseau), l'édition totale ne fut jamais livrée à l'auteur « pour la raison bien simple que celui-ci ne l'avait pas payée. Rimbaud n'a donc reçu de l'imprimerie bruxelloise, en 1873, que les exemplaires d'auteur — une douzaine au plus — et ce sont ces quelques volumes qu'il a distribués

ou anéantis ». (*Nouvelles Littéraires* du 18 septembre 1926).

(24) *Une Saison en Enfer* est terminée depuis mai 1873, selon M. Coulon. « Entre la fin juillet et le jour d'août où il livre le manuscrit à l'éditeur, il a dû se borner à revoir et recopier l'ouvrage. » (*Le problème de Rimbaud*, p. 249.) La *Saison en Enfer* est datée par Rimbaud : avril-août 1873.

(25) En compagnie du poète Germain Nouveau. Il y travaille d'abord chez un fabricant de boîtes (?), puis comme professeur de français.

(26) En qualité de précepteur du fils d'un médecin. Il y reste quatre mois, qui lui suffisent pour apprendre et posséder la langue allemande.

(27) Pendant lequel il entreprend l'étude de l'italien, du russe, du grec moderne, du hollandais, de l'arabe, de l'indoustani. « Il lui faut une nourriture positive. Les sciences, comme les langues, voilà qui peut servir dans la vie, et il est prêt, au besoin, — lui qui n'a jamais voulu passer son baccalauréat de Rhétorique, — à affronter la corvée de nouveaux examens. » (J.-M. Carré, p. 143). Lors de ce séjour, il se fit raser entièrement la tête, ce qui, dit M. Berrichon, « révélait une forme curieuse de crâne ». (In LAGRIFFE : *op. cit.*, p. 11.)

(28) « On le rencontre aux terrasses des cafés du Ring, autour de l'église Saint-Etienne, mi-camelot, mi-mendiant, vendant comme autrefois dans la rue de Rivoli (?) des anneaux de clefs ou des lacets de chaussures. » (J.-M. Carré, p. 155-156.)

(29) Diagnostic textuel du médecin : « Fièvre gastrique, inflammation des parois de l'estomac causée par le frottement des côtes contre l'abdomen, suite de marches excessives. » (?)

(30) Deux séjours à Chypre, entre lesquels un séjour à Roche (Ardennes), où Rimbaud est revenu, malade, et où le médecin diagnostique une fièvre typhoïde.

(31) Son esprit à cette époque n'est plein que de préoccupations scientifiques. Vois ses lettres du 2 novembre 1880 et surtout celle qu'il adresse à Delahaye le 18 janvier 1882.

(32) Lettre du 10 août 1890.

CHAPITRE III

(1) Selon M. Izambard, tous les voyages de Rimbaud auraient au contraire été coordonnés à un but précis dans l'esprit de Rimbaud : celui de faire du commerce en Orient. Remarquons que Rimbaud ne se fixe en Ethiopie qu'en 1880, à 26 ans, et que, de 1873 à 1880, les itinéraires que Rimbaud choisit pour se rendre en Orient sont tout au moins fantaisistes. Que va-t-il faire par exemple en Scandinavie avec le

cirque Loisset ? « Je travaillerai... mais plus tard, écrit-il à M. Izambard. Pour le moment, je suis en grève. » Il n'en reste pas moins qu'une grève qui se prolonge jusqu'à l'âge de 26 ans n'est pas d'observation courante.

(2) « Il se fixe ». Il faut s'entendre. Ses lettres laissent transparaître que cette fixation n'est que provisoire. « La vérité c'est que Rimbaud, fatigué non pas de vagabonder, mais de vagabonder en prolétaire et désireux de vagabonder en touriste, est possédé par le désir frénétique de gagner *le plus rapidement possible* de quoi vivre indépendant. » (M. COULON : *Le problème de Rimbaud*, p. 293.) V. les lettres de Rimbaud datées du 16 novembre 1884, du 29 mai 1884, du 15 janvier 1885, du 23 août 1887, etc. Il ne faut pas interpréter autrement son âpreté au gain que comme le désir forcené de reprendre dès qu'il le pourra sa vie d'itinérant : « En tous cas ne comptez pas que mon humeur deviendrait moins vagabonde, au contraire. Si j'avais le moyen de voyager sans être forcé de séjourner pour travailler et gagner l'existence, on ne me verrait pas deux mois à la même place... Mais, d'un autre côté, je ne voudrais pas vagabonder dans la misère, je voudrais avoir quelques milliers de francs de rente et pouvoir passer l'année dans deux ou trois contrées différentes, en vivant modestement et en faisant quelques petits trafics pour payer mes frais. Mais pour vivre toujours au même lieu, je trouverai toujours cela très malheureux. » (Lettre du 15 janvier 1885.)

(3) Le docteur L. Lagriffe considère Rimbaud comme un « paranoiaque larvé ». « Ces fugues présentent d'ailleurs les caractères typiques de la fugue paranoiaque, de la paranoia ambulatoire. » (L. LAGRIFFE : *Les deux aspects d'Arthur Rimbaud. Journal de Psychologie normale et pathologique*, nov.-déc. 1910.)

(4) On a dit que les fugues de Rimbaud étaient subordonnées à son dessein de faire du journalisme. Il est certain que Rimbaud, vers 1870, y a beaucoup songé. MM. Izambard et Delahaye nous le disent. (V. *Rimbaud à Douai et à Charleville*, de M. Izambard, et E. Delahaye : *Souvenirs familiers*.) A notre sens le journalisme ne fut jamais, des fugues de Rimbaud, que le prétexte qu'il s'en donnait à soi-même, plutôt que la véritable raison.

(5) A. SÉCHÉ et J. BERTAUT, *loc. cit.*, p. 74.

(6) « Il faut s'entendre, écrit M. Coulon, sur la timidité de l'enfant. Regarder ce qu'elle contient, c'est un peu apprendre à ne pas voir en lui ces qualités : bonté, tendresse, amour, etc., dont lui, qui se connaissait très bien, n'a même pas voulu laissé croire qu'il possédait le simulacre. » En

réalité, Rimbaud, comme l'a excellemment montré M. Coulon, n'est timide que là où son amour-propre se trouve menacé. (*Loc. cit.*, p. 104-105.)

(7) L. LAGRIFFE : *Loc. cit.*, p. 17.

(8) M. COULON : *Loc. cit.*, p. 82.

(9) M. COULON : *Loc. cit.*, p. 150.

(10) Toute expérience passée, Rimbaud la considère comme nulle et non avenue. Seul l'instant présent compte pour lui. « Il faut être absolument moderne. » (*Une Saison en Enfer.*) Le Dr Lagriffe, parlant de la résolution que prend Rimbaud, en 1873, d'abandonner la littérature « pour étreindre la rugueuse réalité », et s'adonner au « travail humain », écrit : « Il est évident que la rupture était voulue, définitive, et que Rimbaud, en ne s'occupant plus jamais par la suite de littérature, a tenu parole. Il y a là un admirable exemple de volonté si l'on remarque que Rimbaud avait conscience, légitimement ou non, de sa valeur. » Il nous semble qu'il y ait là un malentendu. Que Rimbaud ait abandonné la littérature de son plein gré, c'est probable. Mais alors, en fin de compte, que voulait-il être ? Un poète ou un négociant ? Quand il écrit à M. Izambard en 1871 (en pleine période littéraire) : « Je serai un travailleur... mais plus tard », ne considère-t-il donc son art que comme un passe-temps ? Mais quatre années durant, et dans les années les plus critiques de sa vie, de 15 à 19 ans, il s'est pourtant composé une vie toute en vue de son état de poète. « Je serai poète envers et contre tous, dussé-je aller jusqu'au crime. » Quel Rimbaud devons-nous croire ? — A vrai dire, les deux. Car le Rimbaud de Charleville est bien au fond le même que le Rimbaud de Harrar, le même itinérant qui « ne peut rester deux mois à la même place »; qui, poète, n'est pas resté dans la poésie régulière plus longtemps que dans la poésie excentrique; qui, de l'état d'homme de lettres, est passé brusquement à celui d'homme de science, etc. Nous ne voyons guère en tous ces changements que les apparences protéiformes d'un caractère essentiellement mobile, qui ne se réalise qu'à la condition de tout devenir, sans se figer dans aucun état définitif. Mais cette mobilité même, cette incapacité de se fixer nulle part, sont la preuve formelle que Rimbaud né les dominait pas, et qu'il était « mû » plutôt qu'il n'imposait sa volonté aux événements de sa propre existence. Le seul fait de s'établir en Ethiopie (« rivages où la morale est plus facile et où les lois sont moins certaines » (Lagriffe), atteste qu'il ne pouvait pas, car il ne le voulait pas, s'adapter aux règles communes de son pays d'origine. Lagriffe lui-même le dit : « Comprenant la vanité d'un effort d'adaptation... » « Le

fond mental de Rimbaud ne se modifia pas après la crise, ses états de conscience restèrent les mêmes, il changea simplement le but de son activité. Dans le Rimbaud deuxième manière nous retrouvons le même itinérant, le même misanthrope... Il n'y a donc pas lieu, somme toute, de se demander quel fut le vrai Rimbaud. Il n'y en eut pas deux, mais un seul. Le paranoïaque que nous disions plus haut, méfiant et orgueilleux. »

(11) « Vertige ». (Les *Illuminations*.)

(12) Selon M. Izambard, toute l'histoire de Rimbaud de 1870 à 1873 est subordonnée à son désir de faire de la littérature. *Il veut* être poète. Il le sera envers et contre tous, « dut-il aller jusqu'au crime ». (Lettre inédite de M. Izambard.) Pour être poète, il faut renoncer à suivre l' « ornière » commune, il faut systématiquement repousser toute contrainte, et comme tout société n'est possible que conditionnée à des contraintes, se mettre résolument hors de la société, s'opposer à elle, devenir extra-social, anti-social.

(13) M. Coulon : *Loc. cit.*, p. 226.

(14) « M. Prudhomme est né avec le Christ. » (« L'Impossible », in *Une Saison en Enfer*.)

(15) M. Izambard admet fort bien que Rimbaud ait entretenu avec Verlaine des rapports homosexuels. Et, selon lui, c'est en tant que poète que Rimbaud s'y serait prêté. Poète, c'est-à-dire toujours le chercheur de sensations nouvelles, en marge de toute société, de toute morale. Quand Rimbaud quitte Verlaine, c'est qu'il croit ne pouvoir plus retirer de son commerce aucun bénéfice intellectuel.

(16) On sait quelle indifférence glaciale succéda chez Rimbaud à cette amitié. Tandis que Verlaine, sorti de prison, s'évertue à prouver à Rimbaud que ses sentiments à son égard n'ont point perdu de leur vigueur, quoique sublimés en une charité chrétienne tout au moins étrange chez l'auteur de *Hombres* (« Aimons-nous en Jésus ! », lui écrit-il). Rimbaud accable de railleries cruelles « le Loyola ». « Verlaine est arrivé ici l'autre jour, écrit-il de Stuttgard en février 1875, un chapelet aux pinces... Trois heures après on avait renié son Dieu et fait saigner les 98 plaies de N.-S... » Et le 14 octobre de la même année : « ... Je ne commente pas les dernières grossièretés du Loyola... » Ces « grossièretés » sont les poèmes de *Sagesse*, dont Isabelle Rimbaud retrouvera les manuscrits... dans les latrines.

(17) C'est ici un point sur lequel nous ne saurions assez insister, car il est en opposition formelle avec le jugement que portent sur Rimbaud la plupart de ses commentateurs. « Rimbaud est avant tout... un volontaire ». (J.-M. Carré.)

Il nous apparaît au contraire qu'un individu dans l' « âme intraitable » de qui « n'habite aucune conciliation », qui « ne s'accordera ni avec la littérature ni avec la société », présente autrement dit tous les caractères de l'impulsif, de l'instable et de l'inadaptable, témoigne par là d'une « psychasténie » indibitable. Les amitiés, par exemple, que Rimbaud se crée, hors de Charleville, seront toujours essentiellement capricieuses et fragiles. V. en particulier son cynisme et son sans-gêne déconcertants envers ceux qui l'accueilleront à Paris en 1871 (famille Verlaine, Lepelletier, Th. de Banville, Ch. Cros, les artistes qui fréquentaient aux « Vilains Bonshommes » et surtout Verlaine, dont il se lassa avec l'ingratitude que l'on sait). Et même à Harrar ses brouilles avec Bardey, Borelli. « La colère bondit sur lui à l'improviste, comme une bête..., etc. » (In J.-M. Carré, p. 221.)

(18) M. Coulon : *Loc. cit.*, p. 32.

(19) *Les Etrennes des Orphelins*, premiers vers français connus de Rimbaud, sont datés du 20 octobre 1869. « A quinze ans, écrit M. Coulon, Rimbaud est poétiquement plus âgé que Hugo à dix-neuf. » (*Loc. cit.*, p. 20.)

(20) M. Coulon : *Loc. cit.*, p. 79-80. V. la lettre de Rimbaud à Delahaye du 18 janvier 1882.

(21) Bourguignon et Houin : *Revue d'Ardenne et d'Argonne*, 1896-1897.

(22) « M. Rimbaud, négociant français, arrive de Tadjourah avec sa caravane... Notre compatriote sait l'arabe et parle l'amharigna et l'oromo. » (Jules Borelli : *Journal*, 9 février 1887.) « A en croire les récits que firent, en 1896, à Pierre Mille, certains commerçants français de Djibouti, « il était parvenu à parler un assez grand nombre de dialectes indigènes, en se formant une sorte de harem composé de femmes appartenant toutes à des races différentes. » Il s'était ainsi procuré, disaient-ils en leur savoureux jargon colonial, « une série de dictionnaires reliés en peau. » (J.-M. Carré : *Loc. cit.*, p. 222.)

(23) « Il retourne, il torture son âme... La timidité et l'orgueil sont volontairement soumis aux épreuves les plus rudes. Avec la sombre volupté d'un ascète ou d'un convulsionnaire, il recherche les blessures de l'amour-propre, le ridicule, le mépris, l'injure... » (E. Delahaye : *Rimbaud*, p. 40.) « L'on peut se demander s'il n'y a pas chez lui un peu de masochisme, car tout ce qui fait souffrir les hommes, tout ce que d'ordinaire ils exècrent, il le souhaite, lui.. » (Lagriffe : *Loc. cit.*, p. 6-7.)

(24) « C'est l'absence de tout sentiment éthique, le sans-gêne, le masochisme, peut-être simplement par anesthésie

physique et psychique plutôt que par perversion de la sensibilité morale et l'absence presque complète de sentiments affectifs. » (LAGRIFFE, *op. cit.*, p. 18.)

(25) RÉGIS : *Précis de psychiàtrie*, p. 498-499.

(26) M. E. Delahaye nous écrit : « En ce même mois de novembre 1871, Verlaine... à qui je demandais si Rimbaud se portait bien, me répondit : « Oui, sinon qu'il souffre parfois de rhumatismes intercostaux. » (8 novembre 1927.) Voir par ailleurs « Pathologie d'A. Rimbaud », d'après les souvenirs de sa sœur : janvier-février 1873 : fièvre, langueurs, irritabilité, etc. (In *Reliques* d'Isabelle Rimbaud, p. 44.)

(27) Sur les « tics noirs » de Rimbaud, voir E. Delahaye : *Souvenirs familiers*, p. 62-63. Réactions vaso-motrices, vives : « Les joues, fermes et rondes... ressemblaient à des pêches de grand vent. Parfois le carmin qui les couvrait envahissait la face entière. Cette vie du sang apparaissait pour la moindre cause : une parole, un regard... Il ne perdit jamais cette habitude enfantine de rougir. » (E. DELAHAYE : *Le petit Rimbaud*. Inédit.)

(28) V. la lettre du 15 mai 1871. (« Je dis qu'il faut être voyant, se faire Voyant », etc.) Le Voyant est « chargé de l'humanité, des animaux mêmes... » V. aussi tout le poème intitulé « Génie ». (*Les Illuminations.*) C'est ce qu'on a appelé le « Messianisme » de Rimbaud.

(29) C'est l'histoire de Rimbaud successivement panthéiste, communiste, « Voyant », etc.

(30) Nosologiquement Régis distingue, parmi les « Psychopathies-Infirmités » ou « Infirmités psychiques : 1° les infirmités d'évolution, ou dégénérescences; 2° les infirmités d'involution ou déchéances. La « déséquilibration » constitue le premier degré de l'infirmité d'évolution ou dégénérescence. « Les déséquilibrations, écrit-il, forment pour ainsi dire la transition entre l'état normal et l'état pathologique. Ce sont de véritables frontières, où vivent des individus intelligents, parfois même brillants, mais incomplets et porteurs d'une tare qui se traduit par un défaut d'harmonie et de pondération entre les diverses facultés et les divers penchants. » (*Op. cit.*, p. 498.)

CHAPITRE IV

(1) P. LASSERRE : *Les Chapelles littéraires*, p. 12.

(2) Lettres du 13 et du 15 mai 1871.

(3) « Alchimie du Verbe ». (*Une Saison en Enfer.*)

(4) P. LASSERRE : *Loc. cit.*, p. 14.

(5) J.-M. CARRÉ : *Loc. cit.*, p. 132.

(6) Les *Illuminations* « présentent les caractères des écrits des dégénérés ou des tarés qui seuls se comprennent et à qui cela suffit. » (LAGRIFFE : *Loc. cit.*, p. 18.), Le Dʳ Emile Laurent écrit d'autre part : « Nous avons donc à rechercher si... on ne rencontre pas, dans l'ensemble des œuvres décadentes, les signes psychiques de la dégénérescence. Or ces signes psychiques sont : les mots de néoformation, l'étrangeté et l'incohérence, l'association du mysticisme, de la mélancolie et de l'érotisme, la futilité et enfin la cécité morale, associée ou non à l'égotisme. » (In RÉMOND et VOIVENEL : *Le Génie littéraire*, p. 85.)

Quant à la pseudo-chromesthésie, qu'on a voulu voir dans le fameux sonnet « Voyelles », Rimbaud, sincèrement, en fut-il atteint ? Nous ne pouvons l'affirmer, surtout si nous songeons à l'aisance avec laquelle Rimbaud mystifiait son entourage, et peut-être lui-même. Le sonnet des Voyelles a été composé à Paris, à l'époque où Rimbaud, qui entreprend d'inventer un langage poétique « accessible à tous les sens », s'aliène en même temps tout le monde littéraire. Dans quelle mesure le sonnet des Voyelles, par l'outrance de la fantaisie de son thème, doit-il être interprété comme une espièglerie, comme une application du système du « Voyant » ? On ne saurait trop le dire.

(7) E. DELAHAYE : *Revue d'Ardenne et d'Argonne*, 1907-1908.

(8) C'est l'opinion qu'a émise devant nous M. Delahaye. MM. Bourguignon et Houin insistent sur ses « gamineries continuelles ». (*Revue d'Ardenne et d'Argonne*, 1906-1907, p. 4.) « En poésie, comme ailleurs, cet enfant — car il a agi en enfant... » (M. COULON, *op. cit.*, p. 286.)

(9) « Rimbaud, fumiste réussi. » (François COPPÉE.)

(10) « Les Déserts de l'Amour ». Avertissement (1871).

(11) V. G. IZAMBARD : *Rimbaud à Douai et à Charleville*.

(12) Lettre du 25 août 1870 à M. Izambard.

(13) E. DELAHAYE : *Rimbaud*, p. 43.

(14) Sa scatologie complaisante est bien d'un enfant. (V. les poésies intitulées : « Accroupissements », « Oraison du soir »), et ses blasphèmes, et son cynisme, et la violence de ses invectives. (V. « Paris se repeuple », les « Premières Communions », « Les Sœurs de charité ». « Ce qu'on dit au poète à propos de fleurs ».) (On sait qu'il avait signé cette dernière poésie d'un pseudonyme qui porte bien la marque de son âge : « Alcide Bava. »)

(15) « Misanthrope, indépendant, son esprit caustique et mordant lui fit beaucoup d'ennemis. Cependant, quand il le voulait, il était gai, causeur, d'une conversation stupéfiante,

et il savait faire rire. » (LAGRIFFE, *loc. cit.*, p. 16.) « On méconnaîtrait Rimbaud si l'on ignorait ou si l'on négligeait sa gaieté... S'il était libre par hasard, il suffisait de la moindre complicité chez l'auditeur, ou bien il ne fallait qu'un correspondant lui inspirant toute confiance pour que sa gaieté prît la violence d'un torrent... Il aimait moins rire que faire rire. Mais quand il s'en chargeait, c'était formidable; Verlaine en savait quelque chose, lui l'homme le plus sensitif et le plus gai du monde... » (E. DELAHAYE, *Les Illuminations et Une Saison en Enfer*, de Rimbaud, 1927, p. 186-187.)

(16) BROUARDEL et MOSNY : *Traité d'Hygiène*, t. III, p. 82-83.

(17) J.-M. CARRÉ : *Loc. cit.*, p. 72.

(18) VERLAINE : *Nouvelles notes sur Arthur Rimbaud.* (*La Plume*, 15 novembre 1895.)

(19) E. LEPELLETIER : *Paul Verlaine*, 1907.

(20) M. COULON : *Loc. cit.*, p. 101.

(21) M. COULON : *Loc. cit.*, p. 99.

(22) M. COULON : *Ibid.*, p. 235.

(23) On sait que Verlaine fut un inverti accidentel, et qu'il y fut poussé par son désavantage physique. (V. LEPELLETIER, *op. cit.*, p. 88.) (Voir, sur sa sodomie, A. SÉCHÉ et J. BERTAUT, *Verlaine*, p. 71-72, et surtout l'ensemble de poèmes intitulé « Hombres »).

(24) « ... Ce n'est point ma faute si les trois ans pendant lesquels cet enfant a porté la langue et la métrique, la pensée aussi à de tels sommets n'ont été qu'une crise de puberté contrariée. » (M. COULON, *op. cit.*, p. XI.)

(25) *Les Déserts de l'Amour. Avertissement.*

(26) P. BERRICHON : *Jean-Arthur Rimbaud, le poète.* p. 241-242.

(27) M. COULON : *Loc cit.*, p. 113.

(28) *Chanson de la plus haute tour.* (*Les Illuminations.*)

(29) LEGRAIN : In *Psychiátrie*, t. II. (*Traité de Path. méd. et de Thérap. appl.*, t. VIII), p. 45 et suiv.

(30) *Ibid.*

(31) « Veillées II » (*Les Illuminations*).

(32) « Matinée d'ivresse » (*Ibid.*).

(33) « Or tout cela fut écrit après la guerre, après un contact assez prolongé avec Verlaine et son milieu, et pendant une période d'intempérance durant laquelle les liquides alcooliques absorbés différaient du tout au tout avec ce que Rimbaud avait pu boire dans son village ardennais, chez ses parents... Ce que nous devons retenir surtout c'est la netteté avec laquelle, sous l'influence de l'alcool et d'un milieu alcooliques, l'œuvre de Rimbaud passe du lyrisme ingénu de

l'enfant encore assis sur les bancs du collège de Charleville et qui écrivit les *Etrennes des Orphelins* à l'incohérence douloureuse d'*Une Saison en Enfer*. (RÉMOND et VOIVENEL : *Le Génie littéraire*, p. 128-130.)

(34) *Loc. cit.*, p. 286.

(35) *Loc. cit.*, p. 13.

(36) J.-M. CARRÉ : *Loc. cit.*, p. 3.

(37) « Parents, vous avez fait mon malheur et vous avez fait le vôtre. » (*Une Saison en Enfer.*) « Je reconnais là ma sale éducation d'enfance... » (*Ibid.*)

(38) J.-M. CARRÉ : *Loc. cit.*, p. 4.

(39) M. COULON : *Loc. cit.*, p. 124.

(40) G. IZAMBARD. (*Rimbaud à Douai, etc.*, p. 25.)

(41) « Il m'est bien évident que j'ai toujours été de race inférieure. » (*Une Saison en Enfer.*)

(42) *Les Déserts de l'Amour. Avertissement.* Voir aussi sur l'étroitesse d'esprit de la mère de Rimbaud G. IZAMBARD, *op. cit.*, p. 21-27 : le récit des circonstances dans lesquelles Mme Rimbaud interdit la lecture de *Notre-Dame de Paris* à son fils, et dénonce au principal le professeur (M. Izambard) qui a prêté ce livre à son élève. M. Izambard, d'autre part, recevait une lettre d'admonestation, qu'il a reproduite dans le tome XXIV de « Vers et Prose », et qui montre, par la façon dont Mme Rimbaud orthographiait Hugo (« hugot »), quelle distance intellectuelle séparait la mère et l'enfant. Voir aussi la correspondance pitoyable qu'elle adressait à sa fille Isabelle, en septembre-octobre 1891, quelques semaines à peine avant la mort d'Arthur Rimbaud, au chevet duquel se tenait sa sœur. « Aux pressantes instances d'Isabelle qui la suppliait « à genoux » d'écrire, sait-on ce qu'elle répond ? Elle trouve sa fille « bien exigeante ». C'est elle-même qui est à plaindre avec les domestiques qui la grugent, les moissonneurs qui boivent, la jument Comtesse qui est tombée malade ! » (J.-M. CARRÉ, *loc. cit.*, p. 243.)

(43) M. E. Delahaye nous écrit à la date du 11 nov. 1927 : « Il (Rimbaud) ne m'a jamais parlé de troubles nerveux chez ses sœurs, son frère ou sa mère... Ces filles (les sœurs de Rimbaud) étaient comme leur mère des rustiques, plutôt dures : leur frère me parlait d'elles comme de petites bonnes femmes assez dépourvues de sensibilité. »

(44) G. IZAMBARD : *Rimbaud à Douai et à Charleville*, p. 35.

(45) E. DELAHAYE : *Rimbaud, l'artiste et l'être moral*, p. 24-25.

(46) RÉMOND et VOIVENEL : *Le Génie littéraire*, p. 127.

(47) G. IZAMBARD : *Op. cit.*, p. 43-44.

CHAPITRE V

(1) « Ma santé fut menacée. La terreur venait. Je tombais dans des sommeils de plusieurs jours, et, levé, je continuais les rêves les plus tristes... Je dus voyager, distraire les enchantements assemblés dans mon cerveau... » (Alchimie du Verbe. *Une Saison en Enfer.*) P. Berrichon rapporte que lors de son séjour à Londres, « il dut, une fois, sentant venir la congestion cérébrale, tant cette vie l'enfiévrait, entrer à l'hôpital ». (P. Berrichon, *op. cit.*, p. 240.)

(2) C'est Verlaine qui, en 1884, commence à faire connaître Rimbaud dans *Les Poètes maudits.* En 1886, c'est lui qui fait publier à la « Vogue » le corps des vers et proses qu'il a retrouvé et qu'il titre *Illuminations.* « Vous ignorez sans doute, écrit à Rimbaud le critique Paul Bourde vers 1888 ou 89, que vous êtes devenu à Paris... une sorte de personnage légendaire... On a publié dans les revues du Quartier Latin et même réuni en volume vos premiers essais, prose et vers; quelques jeunes gens (que je trouve naïfs) ont essayé de fonder un système littéraire sur votre sonnet sur la couleur des lettres. Ce petit groupe qui vous a reconnu pour maître, ne sachant ce que vous êtes devenu, espère que vous réapparaîtrez un jour pour le tirer de son obscurité. »

(3) « Absurde! Ridicule! Dégoûtant! », ne cesse-t-il de dire de son œuvre quand, par hasard, on lui en reparle. « Quelle absurdité en effet et quelle ridicule chose que son invention d'une nouvelle langue, d'une nouvelle sociologie, d'une nouvelle religion, d'un nouvel amour ! Dégoûtant ! Dégoûtante de scatologie, d'obscénité... Lui qui, sans parler de son portrait dans les *Poètes de sept ans,* se fixait sous les traits répugnants de *Honte* : alors qu'il... se voyait sous les espèces d'un Christ qui se crucifie sur le calvaire du vice et du déshonneur, afin de purger le monde de la tyrannie de la morale, afin de débarrasser les hommes de l'esclavage du péché originel et de les rendre à leur état primitif de fils du Soleil — que doit-il penser de ses poèmes aujourd'hui qu'il est de sang-froid ? » (M. Coulon, *op. cit.*, p. 305.)

(4) J.-K. Huysmans : *A rebours*, p. 248.

(5) « La supériorité intellectuelle n'est pas un symptôme de névrose; la névrose est plutôt la plaie, la complication de la supériorité. Ce n'est pas la cause, c'est l'obstacle. » (Grasset : *Demi-fous et demi-responsables*, p. 190.)

(6) Par génie, nous entendons ici, comme nous avons fait dans toute cette étude : le don de créer. Et s'il est vrai « qu'on ne crée qu'avec sa propre substance » (B. Grasset : *Revue Universelle*, 1er novembre 1927), on peut, sans crainte

d'erreur, parler du génie de Rimbaud. Nul plus que lui ne se dépensa dans son œuvre. C'est pourquoi nous ne souscrivons pas à l'opinion de L. Lagriffe : « Génie est un bien gros mot à l'endroit d'un jeune homme de 19 ans, et M. Ségalen lui-même le réserve. A. Rimbaud avait trop peu produit pour qu'il soit possible de dire si chez lui la verve poétique devait persister. » Là n'est pas la question. La question est de savoir si l'œuvre qu'il a laissée est une œuvre de génie. Oui, si nous entendons par génie le don de créer, même morbide, que fut le sien.

BIBLIOGRAPHIE

P. Berrichon. — Arthur Rimbaud. *Revue Blanche,*
15 août 1896. *Mercure de France :* 16 mars, 16 août,
1er novembre 1910, 1er mars, 16 juillet, 10 août 1911.
Réponses à M. Izambard : 1er janvier, 1er février 1911,
1er août 1912. Réponse à Marcel Coulon :1er octobre
1913. — La Vie de Jean-Arthur Rimbaud. *Mercure de
France,* 1897. — Jean-Arthur Rimbaud, le Poète.
Mercure de France, 1912.

André Breton. — Rimbaud, Verlaine, Germain Nouveau.
Nouvelles littéraires, 23 août 1924.

J. Bourguignon et Ch. Houin. — Arthur Rimbaud. *Revue
d'Ardenne et d'Argonne,* 1897-1901.

Marcel Coulon. — La nouvelle édition des œuvres de
Rimbaud : *Les Marges,* août 1913. *Mercure de France,*
1er novembre 1913. — Le problème de Rimbaud, son
exposé. *Mercure de France,* 16 novembre 1913. — Le
problème de Rimbaud, poète maudit. Nîmes, 1923. —
Au cœur de Verlaine et de Rimbaud. Paris, 1925. —
Du Rimbaud inédit. *Nouvelles litt.,* 10 octobre 1925.

Paul Claudel. — Préface à l'édition des « Œuvres » de
1913. *Mercure de France.*

J.-M. Carré. — Les Ardennes et leurs écrivains, Michelet
et Taine, Verlaine et Rimbaud. Charleville, 1922. —
Souvenirs d'un ami de Rimbaud. *Mercure de France,*
1er mai 1924. — La Vie aventureuse de Jean-Arthur

Rimbaud. Paris, Plon, 1925. — Rimbaud a-t-il détruit sa *Saison en Enfer* ? *Nouvelles littéraires*, 18 septembre 1926.

Ernest DELAHAYE. — Rimbaud. Paris, 91, rue Lecourbe, 1906. — A propos de Rimbaud. Souvenirs familiers. *Revue d'Ardenne et d'Argonne*, 1906-1910. — Verlaine. Messein, 1919. — Rimbaud, l'artiste et l'être moral. Messein, 1923. — Souvenirs familiers à propos de Rimbaud, Verlaine et Germain Nouveau. Messein, 1925. — Les Illuminations et Une Saison en Enfer de Rimbaud. Messein, 1927.

H. DEHÉRAIN. — La carrière africaine d'Arthur Rimbaud. *Revue de l'histoire des Colonies françaises*, 1916.

G. DUHAMEL. — Rimbaud. *Les poètes et la poésie*, 1914.

Bernard FAY. — Arthur Rimbaud initiateur d'une poésie nouvelle. *Nouvelles littéraires*, 15 mars 1924.

R. DE GOURMONT. — Arthur Rimbaud, in Le Livre des Masques. *Mercure de France*.

Georges IZAMBARD. — Un Poète maudit. *Echo de Paris*, 26 décembre 1891. — Comment on devient phénomène. *Liberté*, 9-16 juillet 1898. — Arthur Rimbaud rhétoricien. *Mercure de France*, 16 décembre 1910. — Lettres retrouvées d'Arthur Rimbaud. *Vers et Prose*, janvier 1911. — Réponses à M. Paterne Berrichon, *Mercure de France*, 16 décembre 1910, 16 janvier 1911, 16 juillet 1912. *Nouvelle Revue française*, 1er nov. 1912. — Licences poétiques de Verlaine. *Belles Lettres*, janvier 1921. — L'affaire du « Reliquaire ». *Mercure de France*, 1er juillet 1925. — Arthur Rimbaud à Douai et à Charleville. Kra, 1927.

P. LASSERRE. — *Les Chapelles littéraires* (Garnier, 1920), p. 10-16.

E. LEPELLETIER. — Paul Verlaine. Paris, 1907.

J. W. Marmelstein. — Rimbaud à Stuttgard et aux Indes néerlandàises. *Mercure de France*, 15 juillet 1922.

Charles Maurras. — Paul Verlaine, les époques de sa poésie. In Poètes, *Le Divan*, 1923.

F. Montel. — Rimbaud à Douai. *Figaro littéraire*, 16 avr. 1927.

L. Pierquin. — Arthur Rimbaud. *Courrier des Ardennes*, 30 novembre 1891. — Sur Arthur Rimbaud. *Courrier des Ardennes*, 24 et 31 décembre 1893, 1ᵉʳ mai 1924.

A. Poizat. — Le Symbolisme. Verlaine, p. 123 et suiv. *La Renaissance du Livre*.

D. Mornet. — *Histoire de la littérature et de la pensée françaises contemporaines*, p. 48-50. Larousse 1927.

Arthur Rimbaud. — *La Saison en Enfer*, éd. Poot et Cⁱᵉ, 37, rue aux Choux, Bruxelles, 1873. Les *Illuminations* (La Vogue, 1886). Les *Illuminations* et *Une Saison en Enfer*, Paris, éd. 1892. Poésies complètes (Vanier, 1895. Œuvres : éd. *Mercure de France*, 1898, 1909, 1912. Nouvelle édition 1922 (La Banderole). — Vers inédits de Rimbaud : *Nouvelles littéraires*, 17 octobre 1925. « Ce que l'on dit au poète à propos de fleurs : In M. Coulon, *Au cœur de Verlaine et de Rimbaud*, p. 141-151. — Lettres (Egypte, Arabie, Ethiopie). *Mercure de France*, 1899. — Lettres éparses dans : *Vers et Prose*, janvier 1911; *Nouvelle Revue française*, janvier 1912, octobre 1912, juillet 1914; *Mercure de France*, 16 décembre 1913, 15 décembre 1927.

Isabelle Rimbaud. — Lettre de protestation, *Petit Ardennais*, 19 décembre 1891; *La Bataille*, 22 décembre 1891. — Rimbaud mystique. *Mercure de France*, 16 juin 1914. — Mon frère Arthur, Bloch, 1921. Reliques, *Mercure de France*.

E. Raynaud. — L'inauguration du monument d'Arthur Rimbaud. *La Mêlée symboliste*, t. III, 1923.

J. Rivière et Alain-Fournier. — Correspondance. *Nouvelle Revue française*, éd. 1926.

A. Séché et J. Bertaut. — Verlaine. Ed. Rasmussen. Non daté.

V. Ségalen. — Le double Rimbaud. *Mercure de France*, 15 avril 1906.

Société de Géographie (Bulletins et Comptes rendus de la), 1880-1890.

P. Soleillet. — Obock, le Choa, le Kaffa. Le Havre, 1882.

Paul Verlaine. — *Correspondance*, t. I et II. Ed. Van Bever, 1922. *Les Poètes maudits. Les Hommes d'aujourd'hui.* — Nouvelles notes sur Arthur Rimbaud. Cf. *Œuvres complètes Messein*, t. IV et V. *Œuvres posthumes*, t. II.

Lucien Lagriffe. — Les deux aspects d'Arthur Rimbáud. *Journal de Psychologie normale et pathologique*, nov.-déc. 1910.

II

Axenfeld et Huchard. — *Traité des Névroses*, Alcan, 1883.

Antheaume et Dromard. — *Poésie et Folie*. Doin, 1908.

Ballet (Gilbert). — *Traité de Pathologie mentale*, 1903.

Bergson. — *Données immédiates de la Conscience*. Alcan, 1911.

Paul Bourde. — Les Poètes décadents. *Le Temps*, 6 août 1885.

A. Barine. — *Les Névrosés*. Hachette.

A. Beaunier. — *La Poésie nouvelle*. Plon, 1902.

F. Brunetière. — Le symbolisme contemporain. *Revue des Deux-Mondes*, 1891; *Nouvelles questions de critique*, 1890, p. 304.

Charcot. — *Leçons du Mardi*, 31 janv 1888-21 fév. 1889.

CLAVIÈRE. — L'audition colorée. *Année psychol.*, 1399, t. V, p. 161.

CHABANEIX. — Le subconscient chez les artistes, savants et écrivains. Ballière, 1897.

CODET. — *Psychiâtrie, 1926.*

CUÉNOT. — *L'Adaptation, 1925.*

CULLERRE. — *Les Frontières de la Folie,* 1888.

DALLEMAGNE. — *Les dégénérés et déséquilibrés.* Alcan, 1895.

G. DUMESNIL. — Psychologie des poètes. *Nouvelle Revue,* 15 août 1889.

EIFER. — La poésie décadente. *Correspondant médical,* 31 mars 1893.

ESTÈVE. — *L'hérédité romantique dans la littérature contemporaine,* 1920.

FÉRÉ. — *La famille névropathique.* Alcan, 1894.

M. DE FLEURY. — *Introduction à la médecine de l'esprit.* Alcan, 1908.

J. GRASSET. — *Demi-Fous et Demi-Responsables.* Alcan, 1907.

— *La supériorité intellectuelle et la névrose.* Montpellier, 1903.

— *Leçons de clinique médicale,* 2ᵉ Série, p. 111.

GEHIN. — *Contribution à l'étude de l'automatisme ambulatoire ou vagabondage impulsif.* Thèse de Bordeaux, 1892.

R. DE GOURMONT. — La Culture des Idées. *Mercure de France,* 1910.

HIRTH. — *Physiologie de l'Art.* Alcan, 1892.

P. JANET. — *Névroses et idées fixes.* Alcan, 1898.

— *Les obsessions et la psychasthénie,* 1903.

KRAFFT-EBING. — *Traité de psychiâtrie.*

LASÉGUE. — Dipsomanie et Alcoolisme. *Arch. génér. de méd.,* 1882.

LEGRAIN. — *Hérédité et Alcoolisme.*

LOMBROSO. — *L'homme de génie.* Alcan ,1909.

E. LAURENT. — *La Poésie décadente devant la science psychiatrique,* 1897.

LAIGNEL-LAVASTINE, BARBE, DELMAS. — *La pratique psychiatrique,* 1927.

MAGNAN et LEGRAIN. — *Les dégénérés.*

MOREAU (de Tours). — *La psychologie morbide dans ses rapports avec la philosophie de l'histoire ou de l'influence des névropathies sur le dynamisme intellectuel,* 1859.

— Les excentriques. *Etude psychologique et anecdotique,* 1894.

NORDAU (Max). — *Dégénérescence.* Alcan, 1909.

— *Vus du dehors.* Alcan, 1903.

NORDAU (Max). — *Psychophysiologie du génie et du talent.* Alcan, 1906.

RÉVEILLÉ-PARISE. — *Psychologie et hygiène des hommes livrés aux travaux de l'esprit, ou Recherches sur le physique et le moral, les habitudes, les maladies et le régime des gens de lettres, artistes, savants, hommes d'Etat, jurisconsultes, administrateur, etc.,* 1834.

PITRES et RÉGIS. — *Les obsessions et les impulsions.* (Bibl. intern. de psychologie expérimentale normale et pathologique, 1902.)

PARIS. — *Leçons de psychiâtrie,* 1909.

REGNARD. — *Génie et Folie.* Paris, 1899.

RÉMOND et VOIVENEL. — *Le Génie littéraire.* Alcan, 1912.

— Introduction à la psychologie pathologique. *Revue des Idées,* 15 juillet 1910.

RÉGIS. — *Précis de psychiâtrie.* Doin, 1923.

— Génie et talent. *J. de Méd. de Bordeaux,* 1901-1902.

ROGUES DE FURSAC. — *Manuel de psychiâtrie,* 1923.

— *Les écrits et les dessins dans les maladies nerveuses et mentales*, 1905.

RIBOT. — *Essai sur l'imagination créatrice*. Alcan, 1908

— *Les maladies de la volonté*. Alcan, 1909.

E. RABAUD. — Le génie et les théories de Lombroso. *Revue des Idées*, 1905.

ROSSIGNEUX. — Essai sur l'audition colorée et sa valeur esthétique. *Journal de psych.*, 1905.

SERGENT, RIBADEAU-DUMAS, BABONNEIX. — *Traité de Pathologie médicale et de Thérapeutique appliquée*, t. VII et VIII. Colin et Demay : *Aliénés criminels et psychopathes constitutionnels*. Legrain : *Psychoses toxi-infectieuses*. Barbe : *Dégénérescence*.

TRÉLAT. — La folie lucide. *Thèse de Paris*, 1891.

E. TOULOUSE. — *Enquête médicopsychologique sur les rapports de la supériorité intellectuelle avec la névropathie*, 1896.

VIGEN. — Le talent poétique des dégénérés. *Thèse de Bordeaux*, 1904.

VOIVENEL. — Littérature et folie. *Thèse de Toulouse*, Alcan, 1908.

— Du rôle de la maladie dans l'inspiration littéraire. *Mercure de France*, 16 juillet 1911.

J. VINCHON. — *L'Art et la Folie*. Stock, 1924.

www.ingramcontent.com/pod-product-compliance
Ingram Content Group UK Ltd.
Pitfield, Milton Keynes, MK11 3LW, UK
UKHW031830170726
13836UKWH00004B/1608